世界的扬州·文化遗产丛书

远逝的风帆

——海上丝绸之路与扬州

朱 江 著

东南大学出版社

图书在版编目（CIP）数据

远逝的风帆：海上丝绸之路与扬州/朱江著.—南京：东南大学出版社，2014.5
（世界的扬州·文化遗产丛书）
ISBN 978-7-5641-4958-1

Ⅰ.①远… Ⅱ.①朱… Ⅲ.①海上运输—丝绸之路—文化遗产—研究—扬州市 Ⅳ.①K295.53

中国版本图书馆CIP数据核字（2014）第095767号

书　　名	：远逝的风帆
	——海上丝绸之路与扬州
出版发行	：东南大学出版社
社　　址	：南京市四牌楼2号　邮　　编：210096
出 版 人	：江建中
责任编辑	：戴　丽　杨　凡
网　　址	：http://www.seupress.com
印　　刷	：利丰雅高印刷（深圳）有限公司
开　　本	：960mm×650mm　1/16　印张：13.25　字数：158千字
版　　次	：2014年5月第1版
印　　次	：2014年5月第1次印刷
书　　号	：ISBN 978-7-5641-4958-1
定　　价	：48.00元
经　　销	：全国各地新华书店
发行热线	：025-83791830

本社图书若有印装质量问题，请直接与营销部联系。电话（传真）：025-83791830

世界的扬州·文化遗产丛书

远逝的风帆 —— 海上丝绸之路与扬州

总　　编：董玉海
主　　编：冬　冰
副 主 编：刘马根　徐国兵　姜师立　刘德广

组织编撰机构：
江苏省扬州市文物局（扬州市申报世界文化遗产办公室）

执行主编：刘尚杰　徐　亮
著　　者：朱　江

序

郭旃　国际古迹遗址理事会（ICOMOS）副主席

满怀欣喜祝贺《世界的扬州·文化遗产丛书》成书，发行。

关于扬州，古往今来，不知有多少记录和描述。

这次，史无前例的，是在世界遗产的语境中，从全人类文明史发展进程的角度和高度，对扬州所可能具有的世界价值进行新的探讨；是对扬州的过去和现在广泛、深刻的再发现，再认识；是在吸收新的考古发现和研究成果的扎实基础上，梳理和依据确凿的事实和深邃的内涵，进一步发掘、升华和弘扬她的历史成就和当代意义；也是对扬州文化遗产保护新的全面推动、引导、促进、加强和发展；并将影响到扬州以外相关的方方面面。

世界范围的对比，是彰显一个文化、一处文化遗产组合的特质、意义和价值最令人信服的一种途径和方式。

千百年来，不同文化、不同族群、不同地域之间的和平交流和融合，始终是促进人类文明整体进步和繁荣最重要、最明显、最富有成效、不可或缺的因素之一。海上丝绸之路因而受到了联合国教科文组织一致、高度的重视；也因而，有了上个世纪80年代末90年代初来自全球的学者和政府代表对丝绸之路的国际联合考察盛举。

扬州不仅在海上丝绸之路中熠熠生辉，而且牵挂着陆地丝绸之路的远行……

运河作为人类文明交流、沟通的动脉，是人类历史上最伟大的工程和创造。其对文明社会发展的保障和贡献，犹如循环往复、融会交流的大动脉；在古代社会，其作用和意义更是无与伦比。

国际公认，中国的大运河无疑是运河中最伟大的一个。无论悠远的过去，还是磅礴的现在，中国大运河对于人类文明进步的影响和作用，都值得全世界赞叹和借鉴。

有国际同行深思和探问，可以看出，西方很多运河都体现出中国运河的古老技术和成就。但是，无论是已经被列入《世界遗产名录》的，还是那些其他的运河，迟于中国运河千余年的她们，是何时，经过何种途径、方式和过程，实现了跨世纪的引进和移植，还是一个谜。

而无论这个千古之谜的答案会有多少，可以肯定的是，和大运河的初创与发展始终密不可分的最著名城市扬州的千年风流，都会是谜底中一幅华丽的篇章。

也有哲人讲，作为人类最杰出成就之一的大运河对于沿岸历朝历代的人民来说，"不是生母，就是乳娘"。作为不同经济、文化发展区域结合点和特殊地理、水域汇合处的扬州，在运河初创和形成过程中的关键地位和作用，和她伴随运河而促生、延续与蓬勃扩展的繁荣，使得她无论在城市格局、建筑、规模、风貌，还是在融汇北雄南秀的综合文化内涵与人文气质，乃至政治经济地位和影响力等各个方面，都独占运河城市的鳌头。以至有国际同仁感叹，世界上再也找不出哪座城市，如扬州般与世间一条最伟大的运河如此相辅相成，造就如此的人间昌盛和永恒。哪怕是驰名的运河城市——荷兰的阿姆斯特丹。

说到扬州融汇的"北雄南秀"，还会想到她历史上特有的庞大的盐商群体、盐商文化，可追溯到战争与和平的瘦西湖，那独具一格的扬州园林，以及这一切关联着的社会政治经济制度和变迁。

世界遗产事业作为人类深层次、高水平、多维度大环保事业和人类可持续发展战略的一部分，不分民族、地域、国度、政体，受到普世的关注、重视、支持和热情参与，长盛不衰。

扬州丰富的内涵、特色和潜质，给扬州争取世界文化遗产的国际地位带来了极大的优势，但也造成了"纠结"——多样的可能和选择，多种机会，但可能只能优先选一。这体现在本丛书的内容和章节中，分出了几大类：瘦西湖、大运河和海上丝绸之路。

一般单从世界遗产的申报来讲，考虑到世界遗产申报的组合逻辑，及当前世界遗产申报限额制与国家统筹平衡的现实，首先申报与扬州历史城市特征及盐商文化传统密切相关，同时也与运河相呼应的瘦西湖、扬州历史城区和园林，妥善命名，作为一组申报，不失为一种选择。

在这一组合申报成功之后，再在合理调整内容的基础上，分别加入大运河、海上丝绸之路的申报组合，形成或交错形成扬州多重世界遗产的身份，是可行的。

另一种选择，作为大运河最突出典范的运河城市和最关键节点，首先参加大运河的世界遗产联合申报。这无疑在近期排除了再单独申报扬州为世界遗产的选择。但这应当不会削弱扬州整体的文化地位和内在的遗产价值，也不影响未来在海上丝绸之路申报世界遗产时的关联。

海上丝绸之路的世界遗产申报还没有近期的计划和预案。可以肯定的是，一旦行动，扬州必会是其中一个亮点。

扬州申报世界遗产的"纠结"源于她的优势，是一种挑战，但不是负面的问题。相信《世界的扬州·文化遗产丛书》会给我们很多相关的启示，进一步有助于"解题"，更加明确地全面促进和推动相关的研究、保护、解读和展示工作。

最要紧的是，扬州有着深厚的文化底蕴，有着不同凡响深爱着家乡和国家、具有高度文化自觉和文明水准的民众和来自四面八方的拥趸；有着顺应民意、愈来愈重视文化遗产保护与传承的当地政府；还有一支淡泊名利，珍视历史使命和机遇，痴心文化遗产事业，又特别能战斗，求实认真，并日渐成熟的专业队伍。这使得相关的努力与世俗的"文化搭台，经济唱戏"不可同日而语，成果和效应也必然会泾渭分明。《世界的扬州·文化遗产丛书》的编辑出版就是又一次明证。

扬州从来就是一个开放的国际化城市。近几年在文化景观、运河遗产等文化遗产各个领域的国际研讨中，扬州又成了全世界同行的一处汇聚地和动力源。联合国教科文组织倡导的新形势下的"城市历史景观"（HUL）保护，扬州的实践也早就在其中。

全世界庆祝和纪念《保护世界文化与自然遗产公约》40周年的活动还在余音缭绕之际，在中华大地上，《世界的扬州·文化遗产丛书》为世界遗产这一阳光事业又奏响了新的乐章。

是为之序。

2013年2月18日

序：让历史成就未来
——扬州文化遗产概述

顾 风

2007年夏，在时任扬州市长王燕文的倡导下，我们鼓足勇气赴京参加了由国家文物局主持的大运河牵头城市的角逐，并最终如愿以偿。政府破例给了十个全额拨款事业单位的名额，于是招兵买马，网罗人才，筹建大运河联合申遗办公室，开始踏上原本我们并不熟悉的申遗之旅。五年过去了，我们这艘"运河申遗之舟"，涉江湖，过闸坝，绕急弯，正在一步步驶近申遗的目的地。五年之中我们在承担大量行政工作的同时，有机会与不同学术背景的中外专家、高校和科研机构接触、合作，通过环境的熏陶和实践的锻炼，我们这支队伍正在快速地成长进步，成为当下和未来扬州文化遗产保护的生力军。五年当中，我们通过对扬州文化遗产全面的研究梳理，2012年扬州市被列入世界遗产新预备名单的申遗项目已从2006年仅有的"瘦西湖及扬州历史城区"扩展调整为"大运河（联合）、瘦西湖和扬州盐商历史遗迹（独立）、海上丝绸之路（联合）"三项。五年之中，我们另外的一大收获是，通过学习和探索，得以用新的视角对扬州的文化遗产及其价值做出判断和阐释，使我们对扬州这座伟大的城市有了更加清晰、贴近历史真实的深刻认识。

扬州是一座在国内为数不多的通史式城市，她的文化发展史可追溯到6500年前新石器时代中期，在高邮"龙虬庄"文化折射出江淮东部文明的曙光之后，便连绵不绝。进入封建社会以来，更是雄踞东南，繁荣迭现，影响中外。从汉初开始，吴王刘濞凭借境内的铜铁资源、渔盐之利，把吴国建成了东南地区最具影响力的经济文化中心。其后虽有代兴，但终其两汉，广陵的地位未曾动摇和改变。六朝时期，南北割据，战争频仍，作为南朝首都的重要屏障，广陵战略地位的重要性凸显出来，成为兵家必争之地。隋文帝南下灭陈，结束分裂。一统天下后，在扬州设四大行政区之一的扬州大行台，总管南朝故地，扬州成为东南地区政治、经济、文化中心。杨广即位后，开凿大运河贯通南北，连接东西，扬州具有面江、枕淮、临海、跨河的优越交通条件。作为龙兴之地的扬州，顺其自然地跃升为陪都。中唐以前，扬州虽然有着大都督府或都督府的行政地位，但主要还是依靠隋朝历史影响的延续。

"安史之乱"爆发以后，北方广大地区遭受了严重破坏；北方人口躲避战乱，大量南迁；唐王朝依赖东南地区粮食和财富；国家的经济结构和布局发生了重大变化，不得不作出相应的调整。扬州成为东南漕运的枢纽和物资集散地，赢得了历史上难得的发展机遇，区位优势得到了整体的发挥。扬州成为长安、洛阳两京之外，全国最大的地方城市和国际商业都会。唐末扬州遭受毁灭性的破坏，此后，通过五代、北宋的修复，依然保持着江淮地区政治、经济、文化中心的地位。进入南宋，淮河成为宋、金分治的界线，而扬州则成了南宋朝廷扼淮控江的战略要地。其城市性质发生了相应的变化，由一座工商繁荣的经济城市逐渐向壁垒森严的军事基地转变。蒙元帝国建立后，对全国行政系统进行了重大改革，行省制度的建立从政治上巩固了国家的统一，加强了中央集权。元代扬州作为江淮行省机关所在地，管辖范围包括今天江苏的大部、安徽省淮河以南地区、浙江全省和江西省的一小部分。作为东南重镇，其政治、经济地位和文化的影响力远在同时的南京、苏州等城市之上。明清扬州作为两淮盐业中心和漕运枢纽仍然保持着持续的繁荣，尤其在文化方面所具有的影响力和号召力并不因为行政地位的下降而有丝毫的动摇和变化。相反，到清代中期，愈发熠熠生辉，光彩照人。扬州的衰落始于盐业经济的衰落；继之于上海、天津等地的开埠，江南铁路铺设，漕运中止，商业资本大量转移。在这些因素的综合作用下，熊熊的火炉渐渐地失去了以往的能量和温度而慢慢地熄灭。失去了历史风采的扬州，最终不得不让位于上海。这座兴盛于汉，鼎盛于唐，繁盛于清，持续保持了两千年繁荣的城市曾经为中国封建社会的发展进步作出过巨大的贡献，也因此经受了无数次的毁灭和重生。

大运河（扬州段） 盘点扬州文化遗产，大运河和扬州城遗址具有举足轻重的分量和特殊的价值。邗沟是中国最早开凿的运河之一，同时也是正式见诸史籍记载的最早的运河。邗沟的开凿为千年之后大运河的开凿起到了重要的示范作用，这是大运河扬州段的价值之一。其二，自春秋以来，扬州段运河的开凿和整治以及城市水系的调整几乎没有停止过。运河在扬州段形成了交通网络和水系，也形成了运河历史的完整序列，扬州段的运河就是一座名副其实的运河博物馆。其三，由于古代扬州优越的地理位置和经济地位，扬州从唐代开始，一直是漕运的枢纽，所以无论是隋开大运河以后，还是元开南北大运河以后，扬州段的地位都极为重要。其四，作为承担历代漕运繁重任务的运河淮扬段在处理与长江、淮河、黄河三大自然水系的诸多矛盾的过程中，在中国这一用水治水的主战场上，集中使用了最先进的治水理念和水工技术。其五，漕运停止了，北方的运河渐渐失去了活力，有的甚至消失得无影无踪。作为今天北煤南运的重要通道，作为南水北调的东线源头，扬州段的运河还呈现着勃勃生机，这种充满活力的状态不仅体现了大运河这个世界运河之母的强大生命力，也是对大运河这一大型线性活态文化遗产价值的有力支撑。

在农耕文明生产力水平十分低下的条件下，古人"举锸如云"，用血肉之躯开凿运河把一座座城镇联系起来，运河的形成又为沿河城镇提供源源不断的能量，让城镇得以成长和兴旺，同时还不断催生出新的城镇，运河不断积累着中华民族的智慧和经验，也不断促进着中国封建社会的繁荣与进步。

尽管运河城市大都有着相似的成长经历，但是扬州城市和运河同生共长的历史和城河互动的发展关系堪称中国运河城市鲜活的杰出范例，同时也体现着扬州文化遗产的特殊价值。大运河孕育了扬州的多元文化，大运河也成就了扬州两千年持续的繁荣。

扬州城遗址（隋—宋）　扬州城遗址面积近20平方公里，是通过专家评审遴选出来，又经国家文物局正式公布的全国100处大遗址之一。把一个联系着城市的前天、昨天和今天的遗址公布为全国重点文物保护单位，它的突出及普遍价值在哪里呢？首先，扬州在文明发展进程中具有历史中心的地位和作用。长期以来作为国家或区域性的政治、经济、文化中心，它的作用和影响长期超越地域范围，是代表国家民族身份的。其次，由于城市东界运河，南临长江，特定的地理环境决定了城市的发展空间和发展模式。扬州城的历史发展变化具有空间和时间上的延续性，有别于长安、洛阳那些具有跨越发展特点的城市，从而成为中国历史城市类型的独特范例。其三，扬州兼有南方城市、运河城市、港口城市的性质，因此，它在城市形态、城市水系、城市交通、建筑风格方面都有着鲜明的特点。其四，曾经作为国际国内的商业都会、对外交往的窗口、漕运的枢纽、物资集散地和手工业生产基地，扬州城遗址蕴藏的文化内涵是极为丰富的。它的考古成果对研究中国城市的发展历史十分重要。其五，城市制度的先进性。作为繁华的经济中心，发达的商业和手工业必然对城市的布局、功能分区有所影响，并在城市制度方面也应有所体现。根据史料记载，唐代扬州是有别于两京，率先打破里坊制，出现开放式街巷体系的城市。扬州热闹的夜市，丰富的夜生活，赢得了中外客商和文人雅士的由衷赞美。扬州城市制度划时代的变革对中国城市产生了深远的影响。其六，正因为扬州城存在着发展空间和时间上的延续性，所以城市遗址是属于层叠形态的。它的物理空间有沿有革，但始终存在着有机的联系。

尽管扬州历史上屡兴屡废，大起大落，但城市的性质是延续的，城市发展规律还是渐变而非突变的。

明清古城 明清古城位于扬州城遗址的东南部，面积仅有5.09平方公里，属于全国重点文物保护单位扬州城遗址的重要组成部分。作为扬州主要的文化遗产，它的价值也是多元的。第一，历史空间和历史风貌。作为明清时代扬州的主城区，它是在元末战争结束之后，当时根据居住人口和经济状况重新规划建设的。但很快随着经济的发展和人口的增加，在城市东部出现了新的建城区，最终在嘉靖年间完成了新城的扩建，形成了新城、旧城的双城格局。明清古城蕴含着城市600年来大量的历史信息，尤其还保存着真实并相对完整的历史风貌和历史空间。第二，复杂而发达的街巷体系。由于商业的繁荣和高密度的居住人口，为不断适应城市生活的需求，交通组织需要作出相应的调整。复杂而发达的街巷体系成为了扬州独特的城市肌理。第三，城市物理空间的组织和利用。城市物理空间的组织利用水平体现了前人的智慧和能力。明代后期扩建新城一定程度上满足了城市功能的需要，缓解了人口居住的压力。但入清以后，随着盐业经济的迅猛发展，大量外地人口的迁入，这一矛盾又凸显出来。由于运河流经城市的东界和南界，建城区的扩张受到空间的制约。解决问题的有效办法只能是提高城市土地和空间的利用率。狭窄的街巷、鳞次栉比的建筑，凝聚着千家万户的智慧。不同的空间，不同的形式，在这里得到了统一；通风采光的共同需求在这里得到了满足。前人这种高度节约化又体现和而不同的城市规划成果，不仅赢得了当今国际规划大师的赞叹，也足以让众多死搬洋教条的规划师们汗颜。第四，建筑风格的多元化和对时尚的引领。扬州从历史上来说就是一个移民的城市，毁灭与重生，逃离和汇聚，在这里交替发生。商业都会的地位、漕运的枢纽、盐商的聚居、各省会馆的设立，带来了安徽、浙江、江西、山西、湖南等不同地域的建筑文化。这些不同的建筑文化在扬州并不是被简单的复制，而是通过交流、融合，在结构、布局、功能分配甚至工艺、材料的运用上都不断创新，最终汇集为外观时尚新颖、内涵丰富多元的扬州地方建筑特色。博采众长、开放包容、和而不同作为扬州文化的主旋律在扬州建筑文化方面表现得十分直观和生动。扬州式样在引领时尚的同时，也不断辐射和影响着周边省市。第五，盐商住宅的独特价值。两淮盐业经济是扬州的传统产业，明清时期盐业成为这座城市赖以生存和发展的支柱产业。由于靠盐业垄断经营，作为两淮盐业中心的扬州，自然成为盐商聚集的首选之地。扬州在唐代就拥有许多以姓氏命名的私家园林，在盐业资本的作用下，盐业经济呈现出畸形繁荣。建造豪宅、庭园成为一时风尚。个性设计、外观宏伟、结构严整、功能齐全、材料讲究、工艺精湛、园亭配套，成为这类建筑的基本特征。现存的这批盐商宅、园既是扬州盐商的生活遗迹，也是曾经对中国经济、文化产生重要影响的扬州盐商的历史符号，更是中国建筑艺术的不朽作品。它们的独特形态和价值有力地支撑了明清古城的风貌和内涵。第六，传统生活方式的延续和传承。尽管扬州一直以来是一个移民城市，来自不同地域的人们从四面八方带来了不同的文化和习俗，加之盐业经济长期以来对城市生活的深刻影响，扬州的城市生活方式本应该是庞杂无序的。恰恰相反，扬州的城市性质和地位让扬州产生了超强的包容性和融合力，海纳百川，终归于一。扬州不仅有自己独特的生活方式和风俗习惯，也有着自己的社会秩序和价值取向。丰富的传统节庆活动，和谐的邻里关系，相近的价值观念和人生态度。这种依附于城市特色物理空间的非物质文化遗产同样承载着城市的历史记忆，凝聚着城市的精神，反映了城市的个性，体现着城市的核心价值。

瘦西湖 瘦西湖历史上称保障河，是扬州文化遗产中的奇葩。它的前身原本是隋唐、五代、宋元、明清不同时代城濠的不同段落。作为城市西郊传统的游览区，对它的开发利用可以追溯到隋代。明清之际，在盐业经济的刺激下，盐商群体追求享乐，在历史景观的基础上，扬州的造园活动形成了新的高潮。这种风气从城市延伸到郊外。不同姓氏的郊外别墅和园林逐渐形成了规模和特色，扬州水上旅游线路正式形成。营造园林的市场需求吸引了国内，主要是江南地区的造园名家和能工巧匠向扬州汇聚；同时，本地的营造技术专业队伍也迅速地成长壮大。入清以后，康熙皇帝多次南巡，两淮巡盐御史营建高旻寺塔湾行宫，给扬州大规模的营造活动增添了政治动力。之后，乾隆皇帝接踵南巡，地方官员依赖盐商的雄厚财力，对业已形成的盐商郊外别墅园林进行大规模的增建、扩建，并着力整合资源，提升景观品质，完成了以二十四景题名景观为骨干的扬州北郊二十四景，实现了中国古代造园史上最后的辉煌。瘦西湖景观作为文化景观遗产具有以下的价值：

一、景观艺术价值。瘦西湖景观是中国郊外集群式园林的代表作。瘦西湖狭长、曲折、形态丰富的水体空间，园林或大或小，建筑或聚或散，或庄或野，形成带状景观，宛如一幅中国传统的山水画长卷。它是利用人工，因借自然的典范；是利用人工妙造自然的杰作，极具东方艺术特质和审美价值。体现了清代盐商、文人士大夫和能工巧匠师法自然的追求，与自然和谐合一的理想。在这个景观之中，一座座园林，一处处景观像画卷一样徐徐展开，气势连贯，人工与自然天衣无缝地融为一体。

二、历史文化价值。瘦西湖景观经过历代演变，层累的历史记忆，深厚的文化内涵，最终形成了中国景观设计的经典作品。它既是中国文化景观发展史的缩影；代表了清代中期、中国景观艺术的伟大成就；见证了17～18世纪扬州盐业经济的繁荣和对国家经济文化生活的影响；见证了清中期盐商群体与封建帝王、官员和文化人相互依存的特殊社会关系；也见证了财富大量集聚对社会文化振兴和城市建设发展的特殊贡献。

三、体现人和自然和谐互动的价值。瘦西湖景观是城市聚落营建与水体利用充分结合的杰出范例。它在形成和发展过程中始终兼具城防、交通、生态、游赏等多种功能，与城市发展和人居环境存在着紧密的联系。同时，它在不同阶段功能各有侧重，生动地体现了人与自然和谐互动的关系。

四、瘦西湖景观折射出现世性价值取向。瘦西湖景观体现了造园者和文人雅士模仿自然、寄托理想、营造精神家园的共同追求；也反映了前人对山水的热爱，对自然的尊崇和美的认知。2000多年来，扬州饱经战争的浩劫，战争的残酷成了这座城市痛苦悲摧、挥之不去的集体记忆。在和平的年代里，在繁华的现实中，人们追求及时行乐，注重感官享受，崇尚现世幸福，在城市的文化精神和价值取向上呈现出显著的现世性特征。这种现世性价值取向也深刻地影响了扬州景观的审美取向和使用功能。与东晋诗人谢灵运开辟的以寻求自然与隐逸、体现"人"的主体性为特征的中国文人的山水审美相比，瘦西湖景观则具有浓重的世俗社会色彩、大众文化情趣，呈现出更加鲜活的生命力。

五、瘦西湖景观诠释了战争与和平。扬州自古以来就是兵家必争之地。城濠是城市防御系统的基本设施。战争对城市的毁灭性破坏，城市政治、经济地位的变化都会对城市产生重大影响。因为城市的变迁，废弃了的城濠成为了城市变化的历史记录。能否化腐朽为神奇，考验着古代扬州人的智慧。饱受战争之苦的扬州人民把对战争的厌恶憎恨和对和平美好生活的向往追求的情感投向了这些水体和岸线；用千年的热情，持续的努力，把它改造成充满生活情趣和自然之美的景观带和风景区。化干戈为玉帛，瘦西湖成为战争与和平的矛盾统一体，瘦西湖风景区的前世今生，向全世界诠释了一部战争与和平的动人故事。

海上丝绸之路遗产 扬州是陆上丝绸之路与海上丝绸之路的连接点，它与海外的交通可以追溯到西汉时期。唐代扬州成为名闻遐迩的国际商业都会，又是中国的四大港之一。它不仅与东北亚的暹罗、日本有着频繁的联系，而且与东南亚、南亚、西亚、东非有着贸易的往来。大量西亚陶瓷的出土，印证了史籍上关于扬州有着大食、波斯人居留的记载；城市遗址发现的贸易陶瓷其品类与上述地区9、10世纪繁荣的港市出土的中国陶瓷有着惊人的一致性；印尼爪哇岛"黑色号"沉船打捞出6万多件瓷器和带有"扬州扬子江心镜"铭文的铜镜；扬州港作为中国最早、最重要的贸易陶瓷外销港口，"陶瓷之路"起点的地位和作用越来越清晰；成功派遣到大陆13次的日本遣唐使节，其中有9次是经停扬州的；鉴真东渡，崔致远仕唐，商胡贸易这些文化交流事件影响至今。南宋以来特别到元代，是扬州中外交流另一个重要的历史时期。穆罕默德裔孙普哈丁在扬州建造仙鹤寺传播伊斯兰教，最后埋骨运河边；一批阿拉伯文墓碑和意大利文墓碑出土；基督徒也里可温墓碑的发现；加之，著名旅行家马可·波罗、鄂多立克、伊本·白图泰等人在扬州的行迹证明侨寄扬州的外国人不但数量多，且来源广泛。道教、佛教、伊斯兰教、基督教并存的状况反映了扬州国际化的提升和文化交流的成果。

"海上丝绸之路"属于文化线路遗产。从公元前2世纪开始到公元17世纪，扬州作为中国对外经济文化交流的重要窗口，一直发挥着作用，但它的突出历史地位是在唐代，重点在公元8、9世纪的中晚唐时期。由于历代战争的严重破坏、城市的变迁、长江岸线的位移变化，扬州与海上丝绸之路相关的文化遗产已经很少，除了扬州城遗址（隋—宋）以外，直接相关的遗产点有大明寺、仙鹤寺、普哈丁墓园等。幸好还有扬州城遗址不断出土的考古资料做支撑，大量史籍记载作证明。

扬州海上丝绸之路文化遗产价值主要体现在这几个方面：

一、对佛教文化的东传的贡献。扬州自东晋、南朝以来，就是与朝鲜半岛进行政治文化交流的主要城市之一，也是佛教东传的重要节点。特别是作为新罗使节、日本遣唐使、留学生、留学僧登陆、经停的主要城市，扬州不仅具有特殊的经济地位，同时也是佛教传播的重点区域，它在佛教东传过程中的桥梁作用是独一无二的。鉴真东渡作为佛教东传过程中的重大历史事件，其在文化交流史上的意义超出了宗教本身。

二、在伊斯兰教传播过程中的作用。早在伊斯兰教创立之前，扬州就有大食、波斯人的踪迹和祆教的活动。伊斯兰教创立不久，从海上丝绸之路到达扬州的大食、波斯及东南亚地区的人越来越多，扬州成为他们在中国经商贸易的基地和传播宗教的场所。这种传播活动在唐以后，又形成了新的高潮。伊斯兰教的传入，丰富了中华文化的内涵，体现了中华文明多元并蓄、包容一体的特点。

三、见证了海上丝绸之路带来的繁荣。唐代扬州不仅是国内最大的商业、手工业中心，也是中外商品十分齐全、闻名世界的国际市场，当时它在世界上的知名度和影响力如同今天的纽约、巴黎、伦敦、上海一般。大食、波斯、东南亚地区的商人带来珠宝、香料、药材，运回中国的陶瓷、茶叶、丝绸和纺织品、金属器皿。扬州不仅是本国商人最理想的经商目的地，也吸引着大批国外的商贾聚居于此。就连各地行政机构也在扬州设立办事机构，从事贸易活动。通过海上贸易往来和交流，扬州增进了与世界上不同国家和地区的相互了解，推动了文明的进步，对世界也产生了深远的影响。

四、见证了陶瓷之路的兴盛。古代中国通过海上贸易最大宗的商品不是丝绸而是陶瓷，海上丝绸之路实际上也是海上陶瓷之路。扬州是唐代四大港口中地理位置和经济地位最为重要的港口，也是陶瓷贸易的主要港口。当时南北各地生产外销瓷的主要窑口，如浙江的越窑，江苏的宜兴窑，河北的邢窑、定窑，河南的巩县窑，江西饶州的昌南窑，湖南长沙的铜官窑，广东汕头窑等都把产品运到扬州,再远销东南亚、南亚、西亚,甚至东非。迄今为止,国内还没有哪一个城市遗址出土过数量如此巨大、品种如此丰富的陶瓷实物和标本。扬州的考古成果不仅见证了陶瓷之路的繁荣,也见证了扬州为中国陶瓷走向世界所做的历史贡献。

五、见证了中外文化交流的成果。作为当时中国经济中心的唐代扬州,在中外交流方面既能绽放美丽的花朵,更能结出丰硕的果实;既有量的积累,也有质的提升。中国的建筑艺术、造园艺术、中医中药,包括陶瓷、茶叶以及漆器等各类生活用品通过扬州传播出口到朝鲜半岛、日本、东南亚、南亚、西亚等地。对各个国家各个地区的审美观、价值观,包括生活方式都产生了长远的影响。与此同时,通过扬州这个交流窗口和平台,唐人引进了制糖工艺,改进和提升了金银器加工工艺技术,学会了毡帽等皮革制品的制作。"划戴扬州帽,重薰异国香"成为唐代社会上青年人追求的时尚,扬州毡帽成了炙手可热的畅销品。

长沙铜官窑的窑场主把在扬州市场上获取的经济信息迅速反馈给生产基地。他们通过外国商人了解西亚地区的风土人情、生活习惯、审美要求,甚至在外国商人的直接指导下,对外销产品进行包装、改进,确保适销对路。年轻的长沙窑力压资深的越窑,一跃而成为中国唐代外销瓷的主角。同样,河南巩县窑,在三彩器物的设计、制作上也成功吸引了西亚文化元素。更值得一提的是,由于迎合西亚游牧民族的色彩喜好和风俗习惯,巩县窑还创烧出青花这一外销瓷器新品种,并从扬州出口进行试销。

扬州是一个通史式城市,传统的海上丝绸之路上的重要港口、古代的世界名城。今天我们用世界遗产的视角和标准对其保留的文化遗产进行审视和评估,我们在看到遗产历史跨度大、内涵丰富、具备潜质的综合优势之余,也看到遗产在真实性、完整性方面存在的不足和问题。尽管遗产数量较大、类别众多，但特色不够鲜明，质量不够优秀。扬州如同是一个参加竞技体育比赛的全能运动员，当他在参与每个单项赛事的时候，却没有绝对优势可言。这就需要我们用世界遗产的标准，而不是自订的标准；用文化的眼光，而不是行政的眼光；用敬畏审慎的态度，而不是随心所欲、急功近利的态度；用科学的手段，而不是普通的手段；对扬州现有的主要文化遗产进行深入研究，科学规划，整体保护，不断修复，全面提升，有序利用，合理利用。保护文化遗产是一项系统工程，需要有爱心，有信心，有决心，有耐心，有恒心，坚持不懈地做下去。

回顾新中国成立以来扬州文化遗产保护的不平常的经历，从军管会一号通令开始，历经十几届政府的接力，依靠三代人的努力……在实践过程中，我们有经验、有心得、有贡献，但也有迷惘、痛苦、教训和失败。

扬州的文化遗产保护之路是中国文化遗产保护艰巨历程的缩影，新任扬州市委书记谢正义在总结扬州文化保护经验的时候说到，扬州文化遗产保护之所以取得这样显著的成绩，原因是多方面的。但从政府层面上总结，是因为我们舍弃了一些短期利益，克制了一些开发的欲望，控制了一些发展的冲动，值得中国城市的管理者尤其是历史文化名城的管理者思考和借鉴。

中国是世界文化遗产大国，多元文化内涵、连续发展的历史，创造和形成了富有民族个性特点的灿烂文化和与之相对应的文化遗产。但我们国家的文化遗产保护起步较晚，力量单薄。在砸烂旧世界、创造新世界的口号声中，我们原本饱经战乱、损毁严重的文化遗产更是雪上加霜。此后，又经历"文化大革命"急风暴雨的洗礼。改革开放以后，倡导一切以经济建设为中心，文化遗产保护事业更面临着空前的压力和全新的考验。三十多年的改革开放取得了伟大的成就，但如今需要对我们的发展方式进行反思和调整。唤起文化自觉，以高度的文化自觉来保护民族的文化遗产是时代的新要求、新任务，也是社会主义政治文明和精神文明建设的重要内容。当前，从世界范围看，对文化遗产的态度是衡量一个国家、一个民族、一座城市、一个社会人文明与否的重要标尺。一个不能敬畏自己的历史，不尊重自己文化的民族是可耻的，也是可悲的。乐观地估计，通过经济发展方式的转变、管理考核机制的调整、政府管理者文化遗产保护意识的增强和文化自觉的提升、全社会文明素质的提高，再有十五年至二十年，我们硕果仅存的文化遗产才能度过危险期。

在我们继往开来向更高水平的小康社会迈进的历史发展关键时刻，我们这座具有近3000年历史的城市即将迎来2500年城庆的喜庆日子。对一座城市来说，我们需要继承物质遗产，但更需要积累精神财富，因为精神遗产对城市的作用更久远，更长效。我们申遗办的同仁在日常承担三项繁重申遗任务之余，对近几年的研究成果进行了梳理和筛选，编写出这套文化遗产丛书。它不仅记录了扬州申报世界遗产的足迹，反映了申遗工作的研究成果，同时也寄托了大家对这座伟大城市的深情和敬意。这套丛书也是我们向扬州2500年城庆献上的一份小小的礼物。

回忆过去，展望未来，我们愿同城市的管理者、建设者和全体人民一道，为把这些属于扬州、属于中国、属于全世界的系列文化遗产保护好、利用好作出我们应有的贡献！让历史告诉今天，让历史告诉未来，让历史成就未来！

2013年2月28日

目 录

前言

序篇：扬州的自然条件和历史沿革

- 一、扬州名称的由来及其沿革 ……………………… 9
- 二、扬州城池的历史 …………………………………… 11
- 三、扬州的自然地理 …………………………………… 18
- 四、长江水道的变迁 …………………………………… 20
  - 1. 曲江观涛时期 …………………………………… 20
  - 2. 扬子江津时期 …………………………………… 21
  - 3. 夜泊瓜洲时期 …………………………………… 22
- 五、扬州的运河 ………………………………………… 24
  - 1. 春秋时代的邗沟 ………………………………… 24
  - 2. 西汉以来的运盐河 ……………………………… 25
  - 3. 隋代的淮南运河 ………………………………… 26
  - 4. 唐代的官河 ……………………………………… 26
- 六、扬州历代风俗考略 ………………………………… 28
  - 1. 扬州的古风 ……………………………………… 28
  - 2. 扬州的乡风 ……………………………………… 29

正篇：扬州的海外交通

- 一、东晋时期的海外交通 ……………………………… 35

二、唐朝时期的海外交通 ……………………………… 37
1. 和朝鲜半岛的交通 ……………………………… 38
2. 和日本列岛的交通 ……………………………… 44
3. 航海技术的发展 ………………………………… 58
4. 扬州的造船业 …………………………………… 59
5. 鉴真大师东渡 …………………………………… 62
6. 一则东渡的神话 ………………………………… 70
7. 和西域的交通 …………………………………… 71
8. 和波斯的交通 …………………………………… 74
9. 和大食的交通 …………………………………… 78
10. 阿曼苏哈尔行记 ………………………………… 80
11. 胡尔达德比赫的《道里与诸国志》 …………… 87
12. 伊斯兰教的东传 ………………………………… 89
13. 唐代扬州的市街 ………………………………… 90
14. 扬州的市舶司与馆驿 …………………………… 99

三、两宋时期的海外交通 …………………………… 104
1. 和高丽的交通 ………………………………… 104
2. 和日本幕府的交通 …………………………… 106
3. 和阿拉伯的交通 ……………………………… 107

四、元朝时期的海外交通 …………………………… 111
1. 《马可·波罗行记》 ………………………… 112
2. 伊利翁尼家族 ………………………………… 113
3. 基督教的东渐 ………………………………… 115
4. 也里可温在扬州 ……………………………… 117
5. 阿伯尔肥达笔下的扬州 ……………………… 119
6. 阿拉伯穆斯林的墓碑 ………………………… 119
7. 无花果的由来 ………………………………… 124

五、明朝时期的海外交通 ·············· 126
1. 阿拉伯传教士米里哈只的行迹 ·············· 126
2. 犹太人在扬州的踪迹 ·············· 128
3. 道彝和尚奉使日本 ·············· 130
4. 日本的遣明使节 ·············· 130
5. 陆伯瞻两使朝鲜 ·············· 132

六、清朝时期的海外交通 ·············· 135
1. 琉球国使的经路 ·············· 135
2. 汪舟次奉使琉球 ·············· 136
3. 扬州使臣行迹 ·············· 140
4. 基督教再传扬州 ·············· 141
5. 陈重庆与朝鲜使节 ·············· 143

附篇：扬州的名胜古迹

一、扬州的古迹 ·············· 145
1. 邗沟故道 ·············· 145
2. 汉广陵王墓 ·············· 146
3. 隋炀帝陵 ·············· 146
4. 唐代牙城遗址 ·············· 147
5. 古大明寺 ·············· 147
6. 摘星台旧址 ·············· 151
7. 天宁禅寺 ·············· 152
8. 青龙泉 ·············· 153
9. 讲经墩 ·············· 153
10. 古木兰院与石塔 ·············· 154
11. 仙鹤寺 ·············· 155

12. 普哈丁墓 ················· 155
13. 挡军楼 ················· 157
14. 龙头关 ················· 159
15. 文峰塔 ················· 160
16. 文昌阁 ················· 161
17. 武当行宫 ················· 161
18. 盐运司衙 ················· 163
19. 金冬心居址 ················· 164
20. 罗两峰故居 ················· 165
21. 县学四望亭 ················· 166
22. 禅智寺旧址 ················· 166
23. 桃花泉 ················· 167
24. 天主堂 ················· 168
25. 耶稣堂 ················· 168

二、扬州的名胜 ················· 168
1. 寄啸山庄 ················· 169
2. 萃园 ················· 170
3. 小松隐阁 ················· 171
4. 金粟山房 ················· 173
5. 壶园 ················· 174
6. 青溪旧屋 ················· 175
7. 贺氏东园 ················· 176
8. 瘦西湖 ················· 177

后 语 ················· 179

后 记 ················· 182

前　言

中国的丝绸誉满天下，至今看来并非一句虚语，早在两千多年前，就已从陆上和海上两条路线向外传播。但中国的丝绸由海路外传，要比陆路持续的时间更长，所到的地区更广，在历史上的影响更大。

海上丝绸之路虽以丝绸的国际贸易为开端，但其实质已远远超过了丝绸范围，而是把中国的物产——铜器、瓷器、铁器等种种商品，中国的文化——文学、艺术、音乐和宗教等种种精神财富，传到了亚非和欧洲，又把北非、东非、西亚、南亚、东南亚、东亚和欧洲的香料、药物、珠宝和宗教与文化传到了中国。若论其意义，则又远远超过了丝绸和陶瓷、香料、药物和珠宝贸易、宗教和文学交流的范围。它把世界文明古国希腊、罗马、埃及、巴比伦、波斯、印度以及阿拉伯世界和中国连接起来，形成了一条连接亚非欧的海上大动脉，对人类社会的进步与世界文明的传播作出了全球公认、举世瞩目的历史性贡献。

因此，联合国教科文组织在确定"世界文化发展十年"的计划中，将海上丝绸之路综合考察列为其中的一项重要活动。在阿曼苏丹国苏丹卡布斯的慷慨支持下，以苏丹卡布斯的游船"和平方舟"号为考察船，自1990年10月23日起，从意大利的威尼斯启程，经过亚得里亚海、地中海、爱琴海、苏伊士运河、红海、阿拉伯海、印度洋、马六甲海峡、南中国海、朝鲜半岛，最后到达日本大阪,并于1991年2月17日在中国泉州华侨大学陈嘉庚纪念堂举行了题为"中国与海上丝绸之路"的国际学术讨论会,掀开了海上丝绸之路研究史上最为壮观、最为辉煌的一页。我有幸应邀与会,所提交的论文《扬州与海上丝绸之路》已被收在联合国教科文组织海上丝绸之路综合考察泉州国际学术讨论会文集《中国与海上丝绸之路》当中。并由此引发了一系列的连锁反应,缘此而应邀对阿曼苏丹国的文化复兴作了考察,出席了韩国中央大学与全罗南道组织的"张保皋暨大唐——新罗——日本海上关系"国际学术讨论会,加之经常接待来自东西方关注海上丝绸之路及其与之相关学术课题的学术界、新闻界人士的访问,总觉得原先发表的与此有关的学术论文和通俗读物,远远不敷应用了,遂萌发出版这一足本专著的想法。

这个想法,其实萌芽于1963年前后对唐代东渡日本弘法的鉴真大和尚圆寂一千两百周年的纪念活动以及鉴真纪念堂的筹建。因为受命担当了实质性的考察、调查、编撰、设计与解决一些日本人尚未解决的历史悬案,如鉴真和尚出生地江阳县的区划及其地望等问题的攻关工作,促使我全身心地投入进去。因此,当《扬州师范学院学报》于1963年第十七期刊出纪念鉴真和尚东渡日本弘法专栏的时候,一下子就刊登了我撰写的以下三篇论文:《唐代江阳县考》、《鉴真和尚东渡所经州县考》、《唐鉴真和尚年表》。

在这之后,对鉴真东渡日本事迹的研究,甚至包括了《与赵丹谈新编〈鉴真〉历史剧》(刊香港《文汇报》,转载于《福州晚报》)这样一些与鉴真有关的课题,撰写了以下的文章:《鉴真诞生地的发现》(刊北京《旅游》杂志1980年第二期)、《试为〈唐大和上东征传〉汪注本正误》(刊南京《群众论丛》1980年第三期)、《谈谈鉴真报道中的几个问题》(刊南京《文博通讯》1980年第一期)、《鉴真和尚与日本医药》(刊南京《江苏中医杂志》1980年第二期)、《鉴真和他的造像》(刊《扬州师院学报》1979年第一期)、《鉴真和日本奈良》(刊《扬州师院学报》1976年第一期)。

时至"十年动乱"之后,对外交往呈现出日益频繁的趋势,为了适应随时"应召接待"与"临时应对"的窘局,我遂发奋撰写了《扬州涉外文物古迹资料简编》四辑:《东晋尼泊尔高僧佛陀跋驮罗在扬州的遗迹》,《唐扬州大明寺鉴真和尚东渡事略》,《扬州宋代以来阿拉伯人遗迹记略》,《马可·波罗的家世》、《〈马可·波罗行记〉的版本》、《关于马可·波罗被任命为扬州总督或总管的问题》等篇。

随着对外开放政策的确立,扬州被列入首批历史文化名城,所以在中国海外交通史研究会、对外关系史学会、太平洋历史学会相继成立的时候,我因从事数十年考古专业工作,在自然而然的过程中也被漩进这股大潮里去,多次出席国际国内举行的这类学术讨论会。大到1983年9月在日本东京和京都举行的第三十一届国际亚洲北非人文科学会议,其时有六十多国学者参加,人数有千余人;小到1993年11月在韩国全罗南道莞岛举行的首次"张保皋暨大唐——新罗——日本海上关系"国际学术讨论会,除韩国中央大学、高丽大学、檀国大学和亚洲大学的孙宝基、金真培、金成勋、卞麟锡、金文经、金井昊教授等四十余人外,只有中国与俄罗斯、美国和日本学者共七人参加,中国学者占四人,其他三国是每国一人,即美国费城大学柯胡副教授、俄罗斯科学院远东分院伊夫里也夫副研究员、日本九州元冠资料馆研究人员吉冈完佑,因此揭开了东北亚海上丝绸之路区域性研究的序幕。

由于形势逼人,这三十余年来,我在从事考古学研究的同时,撰写了以下一些与本书有关的论文专著:

《中世纪前半期扬州城市的性质》(刊《三十一届国际亚洲北非人文科学会议〈1983〉会议录》一册,英文版);

《伊斯兰教义与原教旨主义的区别》(刊《三十一届国际亚洲北非人文科学会议〈1983〉研究发表要旨》一册,英文版);

《扬州出土的唐代三彩陶与三彩瓷》(刊《三十一届国际亚洲北非人文科学会议〈1983〉会议录》二册,英文版);

《访问日本十日记略》(刊日本京都《日中学术交流恳谈会会报》1983年第十六期,日文版);

《唐代扬州市舶司及其相应机构的探讨》(刊北京《中外关系史学会通讯》1984年第五期);

《扬州海外交通史略》(刊泉州《海交史研究》1984年第四期);

《海上丝绸之路著名的港口——扬州》(海洋出版社1986年12月中文通俗版);

《论郑和奉使下西洋的实质》(刊人民交通出版社1985年6月《郑和下西洋论文集》一集);

《漂洋过海的唐三彩》(刊北京《光明日报》1984年6月20日"中华大地·海上丝绸之路札记"专栏);

《唐代莲瓣瓦当的东传》(刊北京《光明日报》1983年11月23日"中华大地·海上丝绸之路札记"专栏);

《扬州出土的唐代阿拉伯文背水瓷壶》（刊北京《文物》月刊1983年第二期，北京《中国建设》1983年第四期阿拉伯文版）；

《扬州出土的唐代青花瓷》（刊日本东京出光美术馆《馆报》1987年第五十二期，日文版）；

《中国唐代（七—十世纪）陶瓷烧造技术》（刊德国汉堡三十届国际亚洲北非研究大会〈1986〉论文集，英文版）；

《伊斯兰教文化东渐扬州始末》（刊宁夏出版社1982年九月《伊斯兰教在中国》论文集）；

《伊斯兰教在扬州的遗迹》（刊巴基斯坦木尔坦〈1984〉国际伊斯兰考古大会论文集，英文版，扬州《中国名城》季刊1989年第三期）；

《基督教文化东传扬州史略》（刊泉州《海交史研究》1985年第二期）；

《元代扬州基督教徒墓碑出土记》（刊北京《文物》月刊1986年第三期）；

《略论道教在扬州的文化遗迹》（刊《扬州学刊》1987年第四期）；

《扬州历史遗迹说要》（刊日本京都同朋社1989年10月出版《中国都城视察记》，日文版）；

《犹太人在扬州的踪迹》（刊美国纽约希波克林图书出版公司1984年9月《中国的犹太人——中国学者的研究》专著，英文版）；

《中国的扬州与阿曼的苏哈尔》（刊上海《阿拉伯世界》季刊1991年第四期）；

《扬州、海上丝绸之路与阿拉伯》（刊上海《阿拉伯世界》1992年第二期）；

《唐朝与新罗的海上交通》（刊韩国汉城中央大学、全罗南道出版《清海镇张保皋大使海洋经营史研究》1992年朝鲜文版）等。

如果再加上未及发表的1991年8月北京国际马可·波罗学术讨论会论文《从＜马可·波罗行记＞联想到的几点》，1991年10月上海世界帆船发展史国际学术讨论会论文《扬州出土的唐代木帆船的历史价值及其意义》，1992年4月应阿拉伯专家阿布·杰拉德所请所写《利比亚的猜想》，1990年10月应阿曼苏丹国大使馆所请在对阿曼进行广泛考察之后，于1993年7月完成的《阿曼旅行记》专著等，可谓是聚沙亦已成塔。

总而言之，自1963年至1993年的三十年中，我所写的与扬州海外交通史、贸易史、关系史和文化交流史等有关文章，不下百余万言。以其十分之一来写一本与扬州海外交往史有关的著述，已经创造了必备的条件。因考虑到扬州社会发展的过去和未来及其现实的需要，仅仅写一本专门的海外交往简史，已经不能说明这座历史文化名城之所以享有"扬一益二"盛誉的根本原因所在，但这又不能离开盛衰与共的江河海运这一根本而谈扬州的兴盛与衰落。思之再三，遂以1992年2月提交联合国教科文组织的国际学术讨论会并公开发表的论文为题，而名是书为《海上丝绸之路与扬州》。扬州者，历史之既往也；海上丝绸之路者，扬州赖以发展与昌盛者也。是书之撰，虽无前人专著参考，是书之出，必将有后之来者继述，此亦我之深望。

对外开放以来，给扬州带来了一片生机，焕发出往日的风采。

如唐代的鉴真大和尚、宋代的阿拉伯传教士普哈丁、元代的意大利旅行家马可·波罗、明代的犹太商人金溥、清代的琉球国使郑文英、民国年间的美国记者斯诺等人，不仅给扬州带来了世界历史文化的联系，而且成了牵动全球的课题。因此，突尼斯总理努依拉、泰国众议院议长巴实、冈比亚总统贾瓦拉、卢森堡议会副议长亨格尔、利比里亚总统托尔伯特、肯尼亚总统莫伊、圭亚那副总统拉姆萨罗普、几内亚比绍国会议长佩雷拉、马里总统特拉奥雷、英国首相卡拉汉、柬埔寨国王诺罗敦·西哈努克、孟加拉国总统艾尔沙德、新加坡总理吴作栋等国家元首和政府首脑、议会议长多人，以及意大利参议院、法国高等学校、美国议员团、美国世界事务组织、巴基斯坦文官学院、日本佛教传道协会、松山芭蕾舞团、尼泊尔农村发展部、希腊议会交通委员会、马来西亚最高法院、德国退役军人、各国驻华大使馆商务官员、海湾阿拉伯五国驻华大使、巴勒斯坦专家阿布·杰拉德博士、日本京都国立大学名誉教授井上清、韩国中央大学东北亚研究所所长金成勋教授等著名学者多人，曾相继来扬州访问考察。

  我虽愚不可及，但功夫不负有心人，当1986年《海上丝绸之路著名的港口——扬州》中文通俗之书既出，一上市即已销售一空。只是，这三十年来的资料积累和亲身实践，若再出那种通俗读物意义也就不大了，继而联合国教科文组织又有海上丝绸之路综合考察之举，终于成就了十年辛苦，完成了这本十余万字的专门著作。值此书成之际，渴望昔日的梦想，能成今时的现实，而为光大中华文化、弘扬家乡历史能再作一点贡献，则我愿足矣。这还有待于"相公厚我"也。

中国太平洋历史学会理事
中国海外交通史学会理事
江苏省考古学会副理事长
江苏省吴文化研究会顾问
扬州市学术旅游学会理事长
扬州大学商学院研究员

朱江谨识

1982年8月撰稿于小莲花桥十二号居址
1986年8月校改于梅岭西舍值庐
1993年8月增补于扬州大学商学院教学大楼一二一室
1994年6月定稿于琼花路五架书屋新址楼居

序篇：扬州的自然条件和历史沿革

一、扬州名称的由来及其沿革

扬州的名称由来已经很久了。相传在"黄帝割地布九州"的时候，就有了扬州。因而在《尚书·禹贡》、《尔雅·释地》、《周礼·职方》等古籍里，都有扬州的分野。《尚书》的内容有百篇之多，《禹贡》为其中一篇，是我国现存最早的地理书籍之一，全篇共一千一百九十三字。《禹贡》成书，据《书序》中说，是为"禹别九州，随山浚川，任土作贡"而撰，禹即夏朝第一代君主，别即划分的意思，"禹别九州"是"随山浚川"，用山岳河流等形势来分别的，所以《禹贡》中说："淮海惟扬州。……沿于江海，达于淮泗。"由此可见，汉代以前的九州只是自然地理的划分，而不是一种行政区划。《禹贡》所称扬州区域很是广大，包括江苏、安徽、江西、浙江、福建等省的大部分地区在内，如同今天的华东地区一般。

设置州一级的行政区，是从汉武帝元封五年（公元前一〇六年）分天下为十三刺史部开始的。扬州刺史部领有五郡一国九十三县，仍然是一个大行政区。广陵属在徐州刺史部，而不属扬州刺史部。州的设置，直到东汉末年曹操平董卓之乱，遂取中原，分魏地为十三州，方才以正式行政区的名目行世，但仍然是一个较大的行政区。扬州领有淮南、庐江和安丰三郡，而今天的扬州在当时只是广陵县，并不属曹魏的扬州领有，而是属在孙吴扬州的范围。孙吴时期的扬州比曹魏的扬州更大，领有丹阳等十三郡，后来的两晋南北朝时期皆大致如此，都是大于郡国的州治。

约在南朝萧梁时期的《殷芸小说》中讲了一个故事："有客言志，一愿为扬州刺史，一愿多赀财，一愿骑鹤上升。其一人曰：愿'腰缠十万贯，骑鹤上扬州'，欲兼三者。"由于人们没有弄清楚殷芸是什么朝代的人、萧梁时期的扬州地理位置何在，往往误把南朝的广陵当做唐朝的扬州，把殷芸当做唐代的人了，因而误把"腰缠十万贯，骑鹤上扬州"的掌故，张冠李戴到广陵的头上。其实，南朝扬州治所设在建康（即今南京），广陵县属在南兖州，和当时的扬州毫无关系，所谓"腰缠十万贯，骑鹤上扬州"，是要上南朝的首府建康，而不是要来南朝边陲的广陵。

把扬州具体到广陵，是从隋开皇九年（五八九年）于此设置扬州总管府开始的。隋炀帝曾以晋王的身份出任过总管，即位后三下扬州时曾经写过一首《龙舟曲》，对扬州的地理位置有着具体的描绘："舳舻千里泛归舟，言旋旧镇下扬州。借问扬州在何处？淮南江北海西头。六辔聊停御百丈，暂罢开山歌棹讴。讵似江东掌间地，独自称言鉴里游。"其中的"借问扬州在何处？淮南江北海西头"两句，把扬州的方位肯定下来。它和隋代以前扬州的首脑机关，或治历阳（安徽和县），或治寿春（安徽寿县），或治合肥，或治建邺（江苏南京），或治建康（即建邺），在地理位置上有着根本的区别。只有隋唐以来的扬州治所，方才设在《龙舟曲》所说的淮河的南面、长江的北面、大海的西面，即在北纬32.24°、东经119.27°的地方。

正式把扬州落实到广陵，还是唐武德九年（六二六年）以后的事情。这时的州已不再是大行政区，而是小于省大于县的行政区划，与郡以及后来的府、今天的地区，是基本相同的行政设置。唐代扬州在天宝元年（七四二年）以前辖有江都、六合、海陵、高邮四县，之后辖有江都、江阳、六合、海陵、高邮、扬子、天长七县。州的治所设在广陵城内，即今扬州市西北五里唐代牙城遗址内，因此广陵故城自唐代以来又称作郡城、州城与府城。武德九年（六二六年）于扬州设置大都督府，领有越、扬、滁、楚、舒、庐、寿七州，后改督扬、滁、常、润、和、宣、歙七州。贞观元年（六二七年）分天下为十道，扬州属在淮南道。乾元元年（七五八年）于扬州设置淮南节度使，以亲王为都督兼节度使，以大都督府长史兼节度副使，并兼扬州刺史，领有十一郡，成为淮南道首府所在。此后就"恒以此为治所"，直到而今不变。州治所在的这块地方，在春秋时期称邗，或称邗国、邗邑、邗城，在战国末期称作广陵，在秦代为广陵县。自汉代以来称江都县，或是一分为二，为江都县、广陵县。唐代分为江都县、江阳县。清代分为江都、甘泉两县。但常以江都为郡为州，为一府的首县。自1949年2月解放后起，方才于此设置扬州市，这就是如今人们通常所说的扬州了。

二、扬州城池的历史

扬州城池的历史，应当从古代的邗国算起。解放前曾发现一件周简王元年（公元前五八五年）的青铜戈兵器，铜戈上的铭文为"邗王是野乍为元用"八字，这件铜戈的年代早于吴城邗沟一百年。后在河南卫辉出土一件周敬王三十八年（公元前四八二年）的青铜壶，铜壶上的铭文为"禺邗王于黄池，为赵孟介邗王之锡金，以为祠器"十九字，这件铜壶的年代晚于吴城邗沟四年，而且在邗王前面加上了禺，即吴的国号，说明这时邗国已归属于吴国。

邗城遗址在今扬州城西北五里的蜀冈上，是一座土筑的城垣，有内外两重城墙，在内外城之间夹有一道城濠，在外城的外面还有一道城濠环绕，外城周长合六公里左右，是个不大的城池。在开始筑城立国的上古时代，城只是国君居住的地方，后来才发展成为有士农工商居住的城市。当时的邗城还处在城池发展的初级阶段，但筑在控制着邗沟入江孔道的地方，地势十分险要，是一处战略要地，所以吴王夫差在北上黄池会盟之前，就吞并了邗国，并于邗沟河口北岸筑城戍守，从此，扬州纳入了吴国的版图。

周元王三年（公元前四七三年），越王勾践灭掉吴国，扬州属于越国。周显王三十五年（公元前三三四年），楚威王兴兵伐越，杀越王无疆，尽取吴国故地以至浙江，扬州属于楚国。楚怀王十年（公元前319年），就邗城故址修筑广陵城，有子城与金城两重，规模与邗城相似。秦王嬴政二十四年（公元前二二三年），灭掉楚国，扬州属于秦国。秦统一中国，分天下为三十六郡，广陵为九江郡属县。在秦二世元年（公元前二〇九年）七月，"陈涉等起义大泽中"，广陵人召平响应起义，"为陈王徇广陵未能下"。至今在这座城址里面，还相继有楚国的金币郢爰出土。

汉高祖十二年（公元前一九五年），高祖刘邦封侄子刘濞为吴王，都于广陵，并在广陵外城东侧附郭筑了一道城墙。至此，扬州城有内城、外城和附郭东城三重，于是"城益大"，城的一周为"十四里半"。1980年江苏考古工作者对汉代广陵城的东郭墙进行了一次考古发掘，充分证明它是汉代版筑城墙的遗迹。城墙仍然是用土分层夯筑而成，每层厚度一般为11厘米，有清晰夯窝遗迹，夯窝直径为六厘米，墙基底部宽度在30～40厘米之间，残迹的最高点尚有六米。墙的全长为2627米，城内残存面积达到一百万平方米左右。当时的扬州有煮海为盐、即山铸钱的有利条件，致使国用富饶、经济繁荣。南朝刘宋时期参军鲍照在《芜城赋》中盛赞汉代广陵繁荣时说："当昔全盛之时，车挂轊，人驾肩。廛闬扑地，歌吹沸天。孳货盐田，铲利铜山。才力雄富，士马精妍。故能侈秦法，佚周令，划崇墉，刳浚洫，图修世以休命。"

吴王刘濞利用广陵富厚的经济作为实力，勾结胶西王、楚王、赵王、济南王、淄川王、胶东王，于汉景帝三年（公元前一五四年）春正月将兵二十余万，发动了历史上有名的"七国之乱"。景帝派遣太尉周亚夫平息了这次叛乱，追斩刘濞于丹徒，改吴国为江都国，以汝南王刘非为江都王。汉武帝又于元狩六年（公元前一一七年）夏四月改江都国为广陵国，封儿子刘胥为广陵王。东汉建武十八年（四十二年）于此设置广陵郡，此后或为国或为郡，其治所一直设在这里。南朝刘宋大明二年（四五八年），孝武帝刘骏"发民治广陵城"，但未有改易。汉广陵城的形制一直延续到南朝终了，都未曾变革。

隋大业元年（六〇五年）废总管府，改设江都郡，领有江阳、江都、海陵、宁海、高邮、安宜、山阳、盱眙、盐城、清流、全椒、六合、永福、句容、延陵、曲阿十六县。大业十二年（六一六年），"分江阳县又立本化县于郡南，半逻合渎渠"（《太平寰宇记》卷一二五"淮南道一"），促使扬州城池起了新的变化，走下了蜀冈，成为唐代扬州罗城的雏形。直到唐乾符六年（八七九年），"高骈至淮南，缮完城垒"，这个时期的城池仍然是土筑的城墙，但城门与城门两侧的门墙已经用特制的砖块垒筑。在近二十年的扬州唐城考古活动中，已经发现多种印有北门壁和罗城务官等铭文的筑城官砖，使这种考证得到了证实。因之，隋唐时期的扬州"城又加大，有大城又有子城",大城即罗城,子城即汉代以来的广陵故城。城的形势是"联蜀冈上下以为城",唐代诗人杜牧《扬州三首》诗中描绘的"街垂千步柳,霞映两重城",就是说的这种情况。

唐代扬州城东西对径约七里,全部周长约合二十四里多。子城在隋代为炀帝的宫城,在唐代为扬州大都督府以下官衙集中的区域,因又名牙城。日本遣唐大使藤原常嗣等人由海路来中国,经过扬州时都要先到这里投牒,由大都督府长史驿报朝廷,然后才沿运河北上长安。罗城乃是居民和工商云集的区域,日本、大食、波斯等国来扬州经商的人士大多聚居在此城。

这个时期的扬州以物产丰富、交通便利、经济繁荣、文化发达著称于世,是我国南北交通枢纽、财货集散地、对外贸易港口、军事重镇和东南地区一大都会,其繁华景象,据于邺《扬州梦记》记云:"扬州胜地也。每重城向夕,辉罗耀烈空中。九里三十步街中,珠翠填咽,貌若仙境。"这种繁华甚至使唐玄宗也深向往之,据牛僧孺《玄怪录》记云:"开元十八年正月望夕,帝谓叶仙师曰:四方之盛,陈于此夕,师知何处极丽? 对曰:灯烛华丽,百戏陈设,士女争妍,粉黛相染,天下无逾于广陵矣。帝曰:何术可使吾一观之? 师曰:侍御皆可,何独陛下乎? 俄而虹桥起于殿前,板阁架虚,栏楯若画。师奏:桥成,请行,但无回顾而已。于是,帝步而上之,太真及侍臣高力士、黄幡绰、乐官数十人从行,步步渐高,若造云中。俄顷之间,已到广陵矣。月色如昼,街陌绳直。寺观陈设之盛,灯火之光,照灼台殿,士女华丽,若行化焉。而皆仰望曰:仙人现于五色云中。乃蹈舞而拜,阗溢里巷。帝大悦焉,乃曰:此真广陵也。"

上述两则记载,虽然不免有些夸张和带有神话色彩,但也不难从中窥见唐代扬州繁荣的真实情况。这座隋唐时期城池的断垣残壁，至今还历历在目，遗留在今城西北五里的蜀冈上下。扬州唐城遗址保管所就设在牙城内郭西南角墙上，即观音山所在的地方。

宋代扬州有三座城池，即大城、夹城与宝祐城。大城即州城，始筑于北宋初年，增修于南宋建炎三年（一一二九年）。据明万历《江都县志》记载："城东北二边二门遗址尚存。北濠，即今柴河，其上城基堉楼可寻。南濠，即运河。今曰蔡家山者，相传谓其南角楼也。"城的一周为二千一百八十丈，把扬州今城包括在内。宝祐城始筑于南宋绍兴年间，名堡砦城，简称堡城，后筑于宝祐二年（一二五四年）七月十五日，因系在唐代牙城内郭基址上重筑而成，所以只花了半年时间。城的一周为一千七百丈，并在城门外侧加筑了瓮城，是一座主要用于军事防守的堡城。夹城始筑于绍兴年间，先是土城，后于宝祐年间易土为砖，其位置在堡城东南、州城西北部，正好夹在州城与堡城之间，这座狭长方形的城池，是一座用于军事防守的通道。扬州处在南宋与金元两朝兵火相接的地区，战争频繁，因此自南宋以来一百二十五年中，曾经多次修筑城池。时至宝祐年间，扬州更是处在兵马匆戎之际，先是贾似道改筑宝祐城与夹城，后是李庭芝于咸淳五年（一二六九年）就宝祐城西郭筑城，把平山堂也包括在内。因此，到了宝祐年间扬州已正式有三座城池，但是惟有州城（即大城）是县衙门和士农工商居住的城市，堡城与夹城全属军事设防的城堡。

近三十年来，扬州考古工作者多次于宋三城遗址上发现烧有大使府和武锋军铭文的城砖多起，这充分说明，在贾似道出任制置大使和宣抚大使以及李庭芝出任两淮制置大使的岁月里，不仅在扬州兴筑堡城、夹城和平山堂城，而且重修过州治所在的大城。这个时期的城池有了很大的进步，不仅城门用砖石建造，而且城墙内外两面已经完全用特制的城砖来垒筑，比起宋代以前的土筑城墙越发坚固得多。因此，在德祐元年（一二七五年）南宋亡国后，李庭芝与姜才还坚守着扬州，次年元兵挟持南宋谢太后与她的诏书，要李庭芝投降。李庭芝登城曰："奉诏守城，未闻有诏谕降也。"誓死坚守扬州三城，至今名垂青史。宋代特别是南宋时期的扬州，正是处在多事之秋，然而扬州的重要性，由于处在控江扼淮的位置上，并未因此而稍减，仍然有不少日本、朝鲜、阿拉伯商人和传教士，或沿内陆或沿海上通道前来。就在德祐元年，伊斯兰教先知穆罕默德十六世后裔普哈丁曾来扬州传播教义，并死葬在扬州。并于太平桥北创建了一座礼拜寺，该寺成为我国伊斯兰教早期四大名寺之一。

　　元至正十七年（一三五七年）冬十月，朱元璋部将缪大亨攻下扬州，因为兵乱之后人口稀少，城大难守，佥院张德林就宋大城西南隅筑城，城墙厚一丈五尺，高三丈，有五座城门，城的一周约合九里，后来名作旧城。14至16世纪，约当明朝时期，在日本南北朝混战中失败的武士流为海盗集团，即历史上所说的倭寇，一直劫掠我国和朝鲜沿海地区。至永乐十七年（一四一九年），总兵刘江于辽宁金县东北的望海坞大破倭寇之后，其势渐衰。但是在日本战国时代，一部分封建主与寺院大地主起而支持浪人的海盗行径，倭寇又渐趋活跃起来。特别是在嘉靖年间，是倭寇最为猖獗的时期，江苏、浙江、福建三省受害最烈，仅江浙被其杀害的沿海军民就达数十万人之多，并波及广东、山东两省。嘉靖三十三年（一五五四年）三月起，倭寇自太仓掠苏州、攻松江，复行溯江北西上，进犯淮扬，副都御史郑晓及时加强海防，增兵设堠，修筑瓜洲城池。次年，倭寇分三路逼近扬州，一日警报数至。又次年，扬州知府吴桂芳与石茂华相继就宋大城旧址东南隅增筑外城，以防倭寇。这座外城自旧城东南角循运河而东折而北折，复折而西，至旧城东北角止，全长约合十一里，城墙厚度高度均与旧城相等，有城门七座，门上各有城楼，又有敌台十二座，因此名作新城。不久，倭寇直抵扬州城下，扬州城几次经受住了倭寇的侵犯，屹立无恙。在这期间，同知朱裒引兵出城，大败倭寇于沙河，歼其首领，夺还牲畜。右佥都御史李遂于嘉靖三十八年（一五五九年）四月派遣副使刘景韶、游击邱陞等将领率部追击倭寇，连战皆捷，并攻克庙湾老巢，尽歼崇明三沙海盗，江北一带倭乱遂全部平定。

不难从中看出，明代扬州虽然远离海口，由于具有地理上的重要性，居于南北交通枢纽的位置，那条海上通道还被沿用着。即使在倭寇侵犯我国海域频仍的时候，还有米里哈只与法纳等阿拉伯人来到这座古老的城市，死后并葬在东关城外运河的对岸。

扬州自从明代在宋大城南半废基上兴筑新旧二城以来，历经清代和民国，迄至二十世纪五十年代初期，城池的形制及其规模没有变过，府县衙门和学宫设在旧城，工商业区和民居大多分布在新城。由于清代一度实行闭关锁国政策，致使海运停顿，泛海溯江而来的阿拉伯人和欧罗巴人几乎绝迹，但朝鲜和扬州的交通似乎还在保持着。朝鲜人布乐亨曾于乾隆初年来到扬州，游览过园林，并还有西域僧人于乾隆年间来到扬州，驻锡在扬州禅智寺里。鸦片战争之后，扬州随着大清帝国的大门被日俄英法美等国侵略者打开，一些法国天主教和英美耶稣教会的传教士以及日本人陆续由海上通道来到扬州，他们控制关税，开办学堂，传播宗教，把扬州沦为半殖民地半封建的城市。直到一九四九年二月全城解放，扬州方才重新进入复兴时代，成为我国正式对外开放的历史文化名城之一。

三、扬州的自然地理

扬州自然地理的状况，对于扬州历史的发展起着先决的作用。扬州的地质，从地形上来考察，大体上可以分为丘陵和平原两大部分。

丘陵的南沿名作蜀冈，冈身是一带黄土，"自六合县界而来，至仪征小帆山入境，绵亘数十里，接江都界，迤逦正东北四十里，至湾头官河水际而微，其脉复过泰州及如皋赤岸而止。"（清朝李斗《扬州名胜录》卷四）其土质在地质年代上属于第四纪上更新世下蜀期，质状如黄土的亚黏土，底部有少数铁锰结核，距今不足十万年，相对高程在十米左右。丘陵的北部为波状起伏的低丘地带，属于淮阳山脉东延部分的余脉，为地质年代第三纪新构造运动微弱隆升区。在它的北偏即今高邮湖西天山所在的地方，还有一座玄武岩的死火山，这要算是扬州最为古老的地质了，有三座西汉时期的大型木椁墓就葬在以死火山口修整而成的坑道里。

蜀冈以南地区为一带冲积平原，下层为河床沉积，土质多为青砂或粉砂壤土，上层为河漫滩沉积，在地质年代上属于第四纪全新世冲积层，最早形成时间距今约一万年，海拔高度在四至八米之间。在这冲积平原地带，下蜀黄黏土埋藏的深度从蜀冈向南逐渐加深，冲积黄沙土的沉积由南向北逐渐变大。

扬州境内的基岩则为南浅北深，在河漫滩上深度为地下56至64米，在蜀冈阶地上深度为地下75米。可以想象，在远古时代水流直拍蜀冈脚下，蜀冈成为长江口外的一级阶地。扬州汉代以前的文化遗址大多集中在蜀冈以北的丘陵地带，汉代以后的文化遗存已经日益分布在蜀冈以南的平原区域。由此可知，蜀冈在扬州整个历史时期占有相当重要的地理位置。因此，在地理学家、历史学家和文学家的笔下，提起扬州，往往要谈及或是着重谈及蜀冈。

古人对于蜀冈的名称，有过相互不同的解释。"祝穆《方舆胜览》云：旧传地脉通蜀，故曰蜀冈。陆深《知命录》云：蜀冈，盖地脉自西北来，一起一伏，皆成冈陵。《志》谓之广陵，天长亦名广陵，以与蜀通故云。《尔雅·释山》谓独者，蜀虫名，好独行，故山独曰蜀。汶上之蜀山，维扬之蜀冈，皆独行之山也。"（《扬州名胜录》卷四）比较下来，在这几种释名中，还是以《尔雅》的解释最为妥帖。

蜀冈的地理位置，在今扬州城区以北五里的地方。宋人王安石吟平山堂诗句所云"城北横冈走翠虬"，即是形容蜀冈形势。冈之西北有三峰突起，东峰有观音阁、功德山诸名胜，中峰有万松岭、平山堂与大明寺诸名胜，西峰有五烈墓、司徒庙诸名胜。三峰南沿，北与东西三面围九曲池于其中，池水所在即今天的平山堂坞，是瘦西湖的终点。

平原的地理位置，在今扬州城区所在及其以南地区。在形成年代上，和长江水道不断南移的历史紧密联系在一起。因此，可以分为早期的平地和晚期的圩地两类。平地的南沿在今城以南十五里的扬子桥、施家桥、霍家桥一线，圩地的南沿直到长江之滨的瓜洲一线。瓜洲并陆的年代是在唐代开元十五年（七二七年）之际，在这之后，瓜洲发展成为扬州对外交通的重要口岸，日本第十次遣唐大使藤原清河等人即是经由瓜洲往返的，是中古世纪海上丝绸之路北端的起点。

四、长江水道的变迁

长江下游水道的变迁,不仅对扬州冲积平原的形成是个决定性因素,而且对扬州城池的发展也有着直接的影响。长江下游水道变迁的根本原因,和全球性的冰川运动即海漫和海退有着直接的关系。约从距今六千年前开始,海水自长江两岸山麓线后退,长江河口再次东移到扬州和镇江以西的胥浦与下蜀沿线润浦之间,扬州处在长江口外的滨海地带,与镇江之间形成一个喇叭口,曾在汉代前后出现过涌潮,即是世代相传的广陵涛。

1. 曲江观涛时期

最早记载广陵涛的文献,是西汉初期曾任吴王刘濞郎中枚乘写的《七发》。他在其《观涛》篇中,为人们生动地描绘出奔腾澎湃的涌潮情景和往观怒涛的盛况:

将以八月之望,与诸侯远方交游兄弟,并往观涛乎广陵之曲江。至则未见涛之形也,徒观水力之所到,则恤然足以骇矣。观其所驾轶者,所擢拔者,所扬汩者,所温汾者,所涤汔者,虽有心略辞给,固未能缕形其所由然也。……似神而非者三:疾雷闻百里;江水逆流,海水上潮;山出云内,日夜不止。衍溢漂疾,波涌而涛起。其始起也,洪淋淋焉,若白鹭之下翔。其少进也,浩浩澄澄,如素车白马帷盖之张。其波涌而云乱,扰扰焉如三军之腾装。其旁作而奔起也,飘飘焉如轻车之勒兵。六驾蛟龙,附从太白,纯驰皓蜺,前后络绎。颙颙昂昂,椐椐彊彊,莘莘将将。壁垒重坚,沓杂似军行。訇隐匈磕,轧盘涌裔,原不可当。观其两傍,则滂渤怫郁,暗漠感突,上击下律,有似勇壮之卒,突怒而无畏。蹈壁冲津,穷曲随隈,逾岸出追。遇者死,当者坏。

至于出现这一涌潮的原因，是因为潮水从大海汹涌东来，突然由开阔的海湾，乍然涌入束狭的江口，又被口外水下的拦门沙坎逼激，于是轰然涌起，形成怒涛。怒涛出现的地域，是在广陵的曲江。曲江的地理位置，从汉代以后遗留下来的长江故道沙河踪迹来看，水道是由今霍家桥以北弯向城东沙口小东庄附近，越过扬州城区，而后弯向西南，曲向江口，形成一个U字形的江曲。这个江曲北岸的底线，即在今扬州城池所在及其附近以北的区域内，大约离蜀冈直线距离二至三里的地方。汉代以后沙口、小东庄一带已经成陆地，在唐代划分乡村行政区域的时候，曾设置过曲江乡。可见汉代长江口外的主泓道是取在广陵一侧的，涌潮也就要出现在曲江之上了。

南朝刘宋永初三年（四二二年），檀道济来广陵任南兖州刺史，据《南齐书》记载："刺史每以八月，多出海陵观涛。"海陵即今天的泰州，在扬州以东一百里处。这段记载距枚乘写《七发》已经相距五百八十年左右，长江河口已经移到扬州与镇江之间。由于汉代曲江主泓道所在的地域已经日益滩涨，长江下游北岸线也已日益南移，涌潮的地域也已日益东移到昔日的海陵。就在这段时间里，高僧法显西游佛国归来，首次由海上通道北路，经过青州游至扬州，后与尼泊尔高僧佛驮跋陀罗相会于建康。这就是曲江观涛时期的长江与扬州的一般状况。

2. 扬子江津时期

约在隋代，长江水道北岸已经移到今天的扬子桥、施家桥与霍家桥沿线，进入扬子江津时期。唐代诗人吴融在《题扬子津亭》诗中写道："扬子江津十四经，纪行文字遍长亭。惊人旅鬓斩新白，无事海门依旧青。"这首诗不仅表明了江津渡口的繁忙情况，而且还写出了水道变迁的景象。诗中所说海门，系指焦山以北江中的松廖山而言，上古时代这座小山所在水域一度是长江入海口，因而名作海门山。诗人以"依旧青"三字概括了它的既往。李白的《渡扬子江》最为生动不过，形象地描写了扬子江津的壮阔景象："横江西望阻西秦，汉水东流扬子津。白浪如天哪可渡，狂风愁煞峭帆人。"

扬子津的渡口，是唐代扬州高僧鉴真几次东渡的地点，扬子津畔的既济寺，还是鉴真大师过往歇足的地方。仅从鉴真东渡一行人来看，就有日本、瞻波和昆仑等国以及西域僧人随行，是一个国际性的僧团，可见扬子津时期的长江下游，是一处直接国际通航的重要水道，也是海上丝绸之路扬州港口的黄金时代。

3. 夜泊瓜洲时期

北宋王安石曾经写过一首有名的《泊船瓜洲》："京口瓜洲一水间，钟山只隔数重山。春风又绿江南岸，明月何时照我还。"瓜洲渡口早在中晚唐时期，即已取代扬子津渡，但长江北岸全线推移到瓜洲一线，还是王安石夜泊瓜洲前后的事情。瓜洲原先是长江河口水下的沙屿，直到四世纪前后的两晋时期开始露出水面。随着长江主泓道不断南移，瓜洲逐渐滩涨，至唐开元年间，先是瓜洲与扬子津并岸，后来瓜洲与扬子津之间形成一条夹江。到了北宋时期夹江消失，北岸方才南移到瓜洲一线，江面日益变得狭窄起来。据明代顾祖禹《读史方舆纪要》里说："宋时瓜洲渡口，犹十八里。今瓜洲渡至京口，不过七八里，渡口与江心金山寺相对。"长江水道这段时期的变化，明代有位名叫郭第的诗人曾在一首五言诗中，作过以下确切而又形象的概括："可怜扬子渡，不见海潮生。水断瓜洲驿，江连北固城。涨沙三十里，树杪乱山横。"

虽然在诗人吟咏之后，长江水道至今南北摇动不定，但是夜泊瓜洲时期的长江随着三角洲的东延，到了明代已经日渐处在长江河口的进口段，失去了往日作为对外交通海港的地位。由于其尚未失去扼守内陆南北交通咽喉的重要地位，所以仍旧是宋元明清时期的襟江重镇以及海陆两大丝绸之路的联结点。早在宋乾道四年（一一六八年），瓜洲即已建城固守，成为扬州南来的大门。到了元代，意大利旅行家马可·波罗等人就是经由瓜洲南下泉州，沿着海上通道返抵故里的。因此，清嘉庆《瓜洲志》说："瓜洲虽弹丸，然瞰京口，接建康，际沧海，襟大江，实七省咽喉，全扬保障也。"

自从进入清代以来，长江水道出现了向北摆动的情况，瓜洲故城逐渐崩塌于江，街民已经移到城北四里铺，聚居成市，即今瓜洲镇所在，但是从长江水道变迁的地理角度来看，仍然处在夜泊瓜洲时期。据嘉庆《瓜洲志》说："且每岁漕舟数百万，浮江而至。百州贸易，迁徙之人，往返络绎，必停于是。其为南北之利，讵可忽哉？"可是，由于二十世纪五十年代沿施家桥南北一线新开了一条京杭大运河，南至六圩与长江相连，北至湾头镇与运河故道相接，瓜洲已经失去了往日的优势，拱手让位于中古世纪扬州东来门户的重镇湾头。

湾头镇在扬州东北九里，位于蜀冈的尾闾和淮南运河与运盐河交汇的三角地带。春秋时代这里还是河漫滩地，吴王夫差凿邗沟，就是经由此地东向大石湖入于艾陵等湖的。时至汉代，吴王刘濞开运盐河，也是起于湾头，东行七十里至斗门而入海陵，因此湾头在上古时代是一处滨江控河的要地。到中古时代，虽然远离江岸，但东有河道与海相通，成为隋唐以来扬州东连海口、北接淮水、南通江流的重镇所在。唐开成三年（八三八年），日本第十五次遣唐大使藤原常嗣和请益僧圆仁来中国，以及第十次遣唐大使藤原清河和学问僧普照等人往返长安，都是经由湾头东来，或是南来北往的。这种地位后来随着长江三角洲不断东移、长江水道不断南去而中落了，近又稍稍得到恢复，仍然不失我国内陆南北水运交通的枢纽所在。

五、扬州的运河

1. 春秋时代的邗沟

扬州是我国历史上最早开凿人工运河地区之一。吴王夫差十年（公元前四八六年）开凿的邗沟，是南北大运河最早的一段。开凿邗沟之前，约在距今六千年的时候，扬州地区经历了一次全球性的大海漫，除去蜀冈一级阶地以外，扬州以东地区全部浸在海水之中。随后出现了全球性的海退，留下了串珠式的潟湖，人类的活动由西部丘陵逐渐移入滨湖高地。近二十年来的考古发现说明，距今三千余年的商周时代，高邮湖东周墩一带已有早期的人类居住，那时的人们还处在以石器与骨角器为主要手段从事生产的阶段。这些信息告诉人们，早在吴王夫差开凿邗沟之前，从扬州沿着潟湖北上，已经有了一条断断续续的自然形成的通道，这和古代邗人的历史有着紧密的联系。

到了吴王夫差大举北上攻打齐国争霸中原的时候，开凿人工运河，把潟湖连接起来，作为水上运输的通道，就有了事实上的可能，因而取名作邗沟。吴王夫差开凿的邗沟，是从扬州江口开始的，而后沿着蜀冈南沿，东入大石湖，北折艾陵湖、渌洋湖，与射阳湖通，以至末口，入于淮水，全长约三百里，经由邗沟南向可以进入吴都，北向可以达于齐鲁。周敬王三十八年（公元前四八二年），吴王夫差与晋定公、鲁哀公会盟于黄池（在今河南封丘西南），至今在渌洋湖里还有吴国的青铜兵器发现，即是这段历史的佐证。邗沟的开凿，不仅对扬州的经济发展起了很大作用，而且对于我国古代南北交通线路的开拓也起了先河作用。继吴王夫差黄池会盟之后，越王勾践也是由这条通道北上争霸中原的。以致后来西汉吴王刘濞发动"七国之乱"、三国魏文帝南下伐吴等事件，都是经由这条水道进军运粮的。这不仅发挥了军事上的重要作用，而且对于平时南北物资的交流起到了促进作用，并为日后扬州的繁荣奠定了坚实的基础。

2. 西汉以来的运盐河

继邗沟之后，扬州由西向东开凿了第二条运道，即运盐河，故址在扬州今城东郊湾头镇以远的地方。相传为西汉吴王刘濞时期开凿的，起始通至海陵（即今泰州）。到了唐代，已经通到海陵县如皋镇以东的掘港。随着海滩的东移，盐场亦随之变化，迄至清代，这条运盐河已"自湾头起，东行七十里至斗门，入泰州界。又东行一百六十里至海安，入如皋界。又东行七十里至新塞，入海门界。又东行八十里，达吕四场。其支派通各盐场，皆为运盐河。"这条运盐河，还是一条由扬州东行入海的通道。特别是中古世纪上半期，许多朝鲜、日本航行扬州的海舶，不少飘到掘港，而后换船，沿着这条运盐河西行达于扬州。这条运道的情形，在唐开成三年（八三八年）日本请益僧圆仁写的《入唐求法巡礼行记》里有着详细的描述。圆仁所记的情况，与会昌六年（八四六年）阿拉伯地理学家伊本·胡尔达德比赫（即考尔大贝）所见到的扬州港口情形，大致仿佛。

3. 隋代的淮南运河

这条邗沟发展到隋唐时期，不亚于陆上丝绸之路的河西走廊，成为我国海上丝绸之路连接京洛的重要国际通道，但已经不完全是邗沟故道了。春秋往后，因湖道纡还而又多风，自东晋永和年间起，河道逐渐向西推移，以致基本拉直。自此以后，这条运道不再经由湖泊，而是由山阳（即今淮安）直至广陵，与今天的里运河水道相一致。

在隋朝统一中国之前，出于平陈的需要，隋文帝于开皇七年（五八七年）夏四月"开邗沟从山阳至扬子入江"，更名为山阳渎。后来，隋炀帝于大业元年（六〇五年）发淮南丁壮十余万人，开邗沟至山阳，通淮至于扬子入江，水面阔四十步，渠旁皆筑御道，道旁栽柳，仍名邗沟，后世称作淮南运河。接着隋炀帝又于豫皖境内开广济渠（即汴河）、永济渠，于江浙境内开江南运河，从而成为沟通江淮河海的南北大运河。唐代诗人皮日休在《汴河怀古》诗中写道："尽道隋亡为此河，至今千里赖通波。若无水殿龙舟事，共禹论功不较多。"这首诗无疑是对隋炀帝开凿南北大运河最为公允的评价。

4. 唐代的官河

由于淮南运河处在控江扼淮的中段，扬州城池位于这条南北大运河与长江交汇点上，使得扬州的地位越发超越于前代，显得更加重要，以致到了唐代发展成为我国东南一大都会，有"扬一益二"之称。

唐代扬州的运河，史书中通常称作官河，其北段依然如故，南口因江中瓜洲滩涨的关系，船要绕着沙尾航行六十里，方能到达扬子镇。由于江面风大浪险，航船经常出事，时至开元十五年（七二七年），润州刺史齐澣从京口埭开伊娄河（又名新河）直达扬子镇，把淮南运河由扬子渡延伸到瓜洲，免去江行六十里的风险，大为便利了交通。李白有《题瓜洲新河饯族叔舍人贲》诗赞道："齐公凿新河，万古流不绝。丰功利生人，天地同朽灭。两桥对双阁，芳树有行列。爱此如甘棠，谁云敢攀折。吴关倚此固，天险自兹设。海水落斗门，湖平见沙汭。我行送季父，弭棹徒流悦。杨花满江来，疑是龙山雪。惜此林下兴，怆为山阳别。瞻望清路尘，归来空寂蔑。"

至此，扬州所在的淮南运河完全定型下来，其全程自"瓜洲镇北行三十里至扬子桥东折，经扬州城湾头镇北行六十里入邵伯湖，又北行六十里入高邮界，又北行四十里至界首入宝应湖，又北行至黄浦，接淮安之山阳界，由清江浦入于淮。"（嘉庆《重修扬州府志·山川》卷八）自此往后，成为南北交通的大动脉，虽然元代曾把北线改经山东流向北京，但淮南运河始终未改。只是宋明两朝，由于扬州城池的变迁，城下的河道稍有改易而已。

唐代扬州有三处出海口与运河连接，即运河北端的山阳（即楚州）、南端的扬子津（后为瓜洲）和东沿的掘港。山阳的港口是传统的海上交通北线，特别是朝鲜半岛新罗国人，大多是沿着这条海上通道来扬州的，于唐乾符年间出任淮南节度副大使高骈幕僚的新罗人崔致远，即是经由这条海道返国的。扬子津与掘港是新兴的海上交通南线，特别是日本遣唐使节和学问僧以及波斯、大食等国人，大多是沿着这条海上通道来扬州的。但也有些波斯、大食国人是由南部沿海广州等地登陆，沿着梅岭之路而至洪州（即今江西南昌），然后转由汉水而来扬州。扬子津即是李白诗句所云"汉水东流扬子津"的东下港口,另从杜甫《解闷》诗"商胡离别下扬州,忆上西陵故驿楼。为问淮南米贵贱,老夫乘兴欲东游"里的情景看出,杜甫欲东游与商胡下扬州,也是由湖北境内沿着长江东下的,然后由扬州沿运河北上京洛,或是经由扬州出海航行。因是,扬州成为海上丝绸之路的著名海港、国际驰名的一大都会。

六、扬州历代风俗考略

扬州的风俗,最早见于《周礼》,自此而后历代史不绝书。先是泛指《禹贡》之域的扬州,而后才落到"二分明月"的扬州,先是谈"民精而轻心",而后才记"俗喜商贾不事农"等风气。一个地方的风气,不是自古不变的。扬州的民俗自南朝末年(七世纪末)"其俗颇变",变到今天,已不是往古的习俗,而是现代的风气。因此,扬州的风俗可以分作往昔的古风和当前的乡风。

1. 扬州的古风

据《太康地志》解释,其地"渐近太阳位,天气奋扬,履正含文,故取名焉。"因"广陵在吴越之地,其民精而轻心",这种风气,到了南朝末年由"人性并躁劲,风气果决,色藏祸害,视死如归,战而贵诈"的旧风,发展到"尚淳质好俭约,丧祭婚姻,率渐于礼,其俗之敝者,稍愈于古焉。"

时至隋唐两代,扬州因有"茶盐丝帛之利","廛里饶富",一跃而为"江吴都会",其俗"喜商贾,不事农",而且"好巫尚鬼","有疾不服药,而祀之。"自两宋以来,扬州"风气清淑,俗务儒雅,士兴文艺。弦诵之声,衣冠之盛,迥异他州。"而至于"士乐胶庠,商通有无。工事于器,民安厥居。老歌少舞,其气于于。"这种风气的出现,宋《绍熙广陵志》认为:"扬州守牧,如王内翰、魏韩公与欧、苏、刘、吕，皆以名德相望，风流酝藉，故其俗朴厚而不争好学而有文，实诸贤之遗化也。"到了明代，扬州已是"士笃于行，女安其室，淳厚之风蔼然。"据陈尧《八书·股书》中说："士大夫家居，多素练衣，缁布冠。即诸生以文学名者，亦白袍青履。庶民之家，夏葛冬布，价廉而质素。"其《燕书》中说："吾乡先辈，岁时宴会一席，而宾主四人共之，以磁杯行酒，手自斟递。肴果取具临时，不求丰腆。庶民之家，终岁不宴客。有故则盂羹豆肉，相招一饮，不以为简也。贵家钜族，非有故不张筵、不设彩、不用歌舞。"《刺书》中说："夫刺者，所以通姓名而先容者也。吾乡往时，弟子见先生长者，用白表纸，阔二寸有半，今之所谓单、拜帖也。书门生某拜，其它称谓亦然，人不以为简也。书于长者称先生，其有官者称大人，父之执友称伯称叔，年辈相若称兄，人亦不以为简也。"至于"婚礼，率妇家送女至婚家。间有委禽亲迎者，犹存古风。六礼止纳采、请期而已。"至于"丧礼，士大夫家用司马及考亭。家礼独大小金制迥殊，每七日多作佛事。朝祖之夕，亲友醵钱为宴，伎乐杂陈，名曰伴夜。丧车裂彩为盖，刍灵、明器、丹旌、彩翣，照耀衢路。及服阕，亲友相贺，开筵宴饮，谓之脱孝。"而庶民之家"多从寝尘设龛祀奉"而已。

2.扬州的乡风

接四时八节而言，春节为一岁之首，自正月初一起至初五止。元旦，家人整齐衣冠拜年，先从天地神位开始，次及家人老少，而后去亲友之家。当日食隔年陈饭，不用新炊，取其禁火之意。惺庵居士有《望江南百调》写道："扬州好，元旦贺新年。亲友到门投赤束，儿童压岁挂青钱，华服尽翩翩。"

灯节，自元月十三至十八夜止。街市人家，竞架松棚，张灯结彩，看灯之人，踏臂行游，通宵不止。更有龙灯、花鼓、杂技纷呈，喧阗不已，各灯肆更是斗巧夸奇，炫耀人目。尤其以十五这天灯火最盛，家家制米圆相饷，叫做元宵，因此称十五为元宵节，以花灯游戏为闹元宵。《望江南百调》写道："扬州好，灯节庆元宵。绛蜡满堂家宴集，金龙逐队市声嚣，花鼓又高跷。"

清明，在这前后三五日，都人士女踏青泛湖，游集胜地。《望江南百调》写道："扬州好，胜日爱清明。白袷少年攀柳憩，绣鞋游女踏莎行，处处放风筝。"清明前数日，为大家小户扫墓的时节。清明这一天，蜀冈道上挈壶祭扫的人络绎不绝，但以清明为限。

端午，家家食粽子。儿童身佩丹符，臂系五色彩索，叫做长命缕。家家以菖蒲、雄黄浸酒，谓之雄黄酒。妇女头戴葵、榴、艾等杂花，叫做簪髻。并以龙舟竞渡最为盛况空前。《望江南百调》写道："扬州好，端午乐何如？到处艾绒悬绣虎，大家蒜瓣煮黄鱼，跳判闹通衢。"

七夕，每年七月初七，俗传天孙渡银河，少年儿女于早上起来看彩云，摆设瓜果，引线穿针，称之为乞巧。七月十五，家家以新谷祭祖。庵观寺院里多作盂兰会，晚上于水上放水陆荷花灯最为称盛。《望江南百调》写道："扬州好，水会夜深过。桂楫迎来都土地，荷灯放满护城河，施食市僧多。"

中秋，每年八月十五晚，家家设风灯宝塔，与瓜果饼饵敬月，焚香罗拜。自八月初一起，亲友之间以月饼相赠，直至十五方休。晚间，家人团聚一处，饮酒赏月，称作团圆节。《望江南百调》写道："扬州好，暮景是中秋。大小塔灯星焰吐，团栾宫饼月痕留，歌吹竹西幽。"

重阳，每年以九月初九为节日。扬州乡风以糕相互馈赠，糕以米面、糖果杂糅制成，谓之重阳糕。卖糕的人做成面羊，插上彩旗，以供儿童嬉戏。都人士女于是日登高把菊，以至倾城出游。《望江南百调》写道："扬州好，重九快吾曹。联袂鞠桥同访艳，振衣松岭更登高，沽酒晚持螯。"

冬至，俗称长至，这天为大冬，有"大似年"的说法。家家食米面圆子，户户设奠祭祖，乡绅人家还要行称贺礼。《望江南百调》写道："扬州好，冬至日晴烘。应候汤团如雪洁，清寒佳馔不雷同，快乐富家翁。"

除夕，即夏历腊月最后一天。在此前数日，各家以礼物相赠，叫做馈岁。此日家家换贴春联。是夕，举家长幼相拜，叫做辞岁，阖门老少团聚，饮分岁酒。有的人家以屠苏饼和酒饮用，被除不祥，年少的先饮，传递至尊长而后止。又于室内设松火盆通宵，燃点爆竹，达旦不寐，叫做守岁。《望江南百调》写道："扬州好，除夕乐街杯。爆竹声喧千户接，唐花景丽一时开，避债有高台。"

迎春，在四时八节乡风当中，还有一个较大的节日，就是迎春。迎春是在立春这一天，属于二十四节气之首。或是列在旧岁除夕之前，或新岁元旦之后。立春这一天，官府令民户各制彩亭，以伶人着锦服为前导，又结彩为采莲船，以伎女于其中奏乐，出东郊，迎土牛芒神。清人宗元鼎在《广陵迎春歌》里写道：

广陵风俗重春节，早日先催人吏设。

六街轰动说迎春，土牛勾芒门外列。

参春先自琼花观，蜀锦高张亭下幔。

中排筵宴镂珍奇，日射流苏光看灿。

烂春人挤大东门，珠帘楼阁罗酒樽。
处处鸳鸯七十二，沉香浓郁连朝昏。
卖花声已催残腊，瑞香春兰长竿插。
直为佳人鬓边春，通草剪绢花鲜新。
闹穰穰颤双胡蝶，彩□花胜小麒麟。
真花假花帘外卖，三五二八钗头戴。
帘中兽炭珊瑚枝，春酒不冻玻璃盏。
盘中春饼薄如纸，江笋仪芹味香美。
就中饮食难具陈，芦菔咬春清似水。
藏钩打马竞传杯，传说春来喧笑起。
吏员骑马奠春归，太守簪花服著绯。
此时方得用官伎，行行队队红绡肥。
乐人纱帽端袍笏，舞判驱傩供驰突。
迎春亦用采莲船，中有罗裙唱采莲。
三十六般好台阁，例应行铺牙人作。
般般贤孝堪典型，兴起斯民救偷薄。
土牛干支分五色，勾芒持鞭亭上立。
春归直过太平桥，鼓歌桡吹簇官僚。
次晨彩仗陈厅事，环击土牛送寒气。
家家堂客酌春酒，皓齿朱颜映翠首。
爆竹火药助春晖，九龙百子泼天飞。
此时直忙过正月，岁首繁华难尽说。
如何此土好繁华，当时年熟颇堪夸。
白金二钱米一石，鸡豕鱼虾满巷陌。

市桥夜煮白羊香，酒库春吹万瓮碧。
担薪担菜皆贫儿，妻孥灯火酤春巴。
此景从来最堪忆，官不差徭盗永息。
于今纵有客商翁，土著无人不困穷。
公钱私债迫呼急，春光翻使增悲泣。
可怜三十年间春，吃泥吃树春天人。
频年幸转丰年泰，编户依然无所赖。
此情纵问也难知，但觉满眼韶光驰。
韶光满眼当头蹉，草草春风门外过。
挑灯闲写示儿童，北斗横斜人未卧。

宗元鼎的这首长歌，不但写出了扬州往年迎春的盛况，而且道出了"可怜三十年间春，吃泥吃树春天人"的呼喊之声。足以说明，扬州的风俗，因为阶级的不同而有所差异。不过，各地的乡风，除去那些封建迷信的色彩而外，对调剂人民的生活来说，酷似音乐里的抑扬顿挫，也是一种不可缺少的节奏，会使人们在常年的繁重劳动与繁琐的日常生活中，得到一些改善和休息，用来振奋精神，更旧布新，把人类社会不断推向进步和光明。因此，风俗也是随着社会的进程而变化着的，革除旧社会的陋习，提倡新社会的风气，自然而然地落在每个革命者的肩上。

序篇：扬州的自然条件和历史沿革

正篇：扬州的海外交通

扬州的海外交通，主要是沿着海上丝绸之路进行的。在我国古代，对外交通有两条大动脉。一条是陆上的丝绸之路，即陆上通道。这条通道的起点，从长安（今陕西西安）开始，经过河西走廊，越过塔里木盆地，穿过葱岭，途经阿富汗、伊朗，到达两河流域所在的伊拉克以及地中海以东诸国。所谓丝绸之路，顾名思义，即是以输送丝绸为主要商品的道路。这条通道的形成，是和西汉时期张骞出使西域时开拓的路线联系在一起的。另一条是海上的丝绸之路，意义与陆上的丝绸之路相同。这条通道的形成，也是与汉武帝派遣黄门译长探索南亚诸国的航线分不开的。这条航线最初是由沿海的合浦起航，沿着北部湾和中印半岛海岸南下，进入马六甲海峡，经过马来半岛西海岸、印度半岛东海岸，到达已程不国（即今斯里兰卡），全程超过五千海里。这条航线一直延续到东晋和南朝时期都大体未变。

扬州的海外交通起始于何时，已经失去记载，但有文献可以佐证的时间，约在三国孙吴时代。当时的吴国就有和日本通航的记录。在《日本书记·雄略记》中有："八年二月，遣身狭村主青、桧隈民使博德使于吴国。十年九月戊子，身狭村主青等，将吴所献二鹅，到于筑紫。十二年四月己卯，身狭村主青与桧隈民使博德出使于吴。十四年正月戊寅，身狭村主青等，共吴国使，将吴所献手末才伎汉织、吴织及衣缝兄媛、弟媛等，泊于住吉津。"

当时的孙吴偏处于江东，定都建邺（即今南京），由于航海条件所限，与日本通航还很难由扬子江口渡海直航，由日本来孙吴也同样难以横渡东海，以抵扬子江口。当时的海上交通，仍然是由日本北九州取道壹岐、对马，以达朝鲜半岛，沿着西海岸北上，然后横渡黄海，驶抵山东半岛，再沿着海岸南下建邺。当时的广陵处于扼江控淮的要隘，日本使舶往来都要驶经这段水域。这个时期的航行，无疑为扬州今后的对日交通起到了先河的作用。

一、东晋时期的海外交通

扬州与海外交通的历史，有文献可以稽考的，最早可以上推到东晋时期。据《高僧传》记载，高僧法显于隆安三年（三九九年），与同学慧景和尚等从长安出发，沿着陆上丝绸之路越过葱岭，到达中天竺，"留学三年，学梵语梵书，方躬自书写。于是持经像，寄附商客，到狮子国。"他在今斯里兰卡停留两年以后，"既而附商人大舶，循海而还"。法显所走的海路，是沿着汉代开辟的那条海上迪道航行的，本意是要"东适广州"，不意"举帆二十余日，夜忽大风"，竟然"任风随流"，于义熙八年（四一二年）漂至"青州长广郡牢山南岸"，"即转扬州"，滞留京口（即今镇江）约一年之久，因尼泊尔高僧佛驮跋陀罗已经南来，他就改计赴建康（即今南京），遂于次年七月二十日左右到达建康，在道场寺与佛驮跋陀罗以及宝云和尚会合，共译佛经。

由于广陵处在扼江控海的位置上，法显无论从青州近海航行南下，或是由密州、海州、楚州陆行南下，都要经过广陵区域。再说法显循海而还的时候，曾经漂到山东半岛的崂山南岸，比原来的里程向北多出一千三百余海里，无意中把海上丝绸之路东段的终点，从广州沿海拉长到了青州海岸。这些航行都在有意无意之中，为中古世纪扬州海港的崛起提供了地理与航海方面的条件，积累了海上交通的经验。

与法显在同一时期，尼泊尔高僧佛驮跋陀罗于罽宾（即今克什米尔）摩天陀罗精舍，应与法显结伴同行的智严、宝云和尚邀请，"舍众辞师，裹粮东逝，步骤三载，绵历寒暑。既度葱岭，路经六国。国主矜其远化，并倾心资奉，至交趾乃附舶循海而行"，在东晋义熙五年（四〇九年）至青州东莱郡（山东掖县境内，今莱州市）登陆。"闻鸠摩罗什在长安，即往从之"，后又"南指庐岳"、"复适江陵"，于义熙九年（四一三年）"随宋武帝太尉由江陵到南京"，"安止道场寺"。于义熙十四年（四一八年）应右卫将军褚叔度邀请，来广陵司空谢安故宅译经，后于刘宋永初二年（四二一年）离广陵返建康，住在广陵达四年之久。在那个时期，由建康来广陵有两条通道：一条是由建康渡江至六合的瓜步，然后陆行至广陵，比较辛苦；一条是由建康渡江至欧阳埭，沿着运河水行，比较便利。虽然在史笈中没有说及佛驮跋陀罗来广陵的路线，但可以设想，很可能是沿水路而来。这条水路发展到中古世纪，还是由扬州溯江西去襄鄂、连接闽粤的通道之一。唐代扬州鉴真和尚在第五次东渡失败后，亦曾经行过这条通道。

佛驮跋陀罗其人，据《高僧传》记载："此云觉贤，本姓释氏，迦维罗卫人，甘露饭王之苗裔也。父少亡，贤三岁孤与母居。五岁复丧母，为外氏所养。从祖鸠婆利，闻其聪敏，兼悼其孤露，乃迎还度为沙弥。至年十七，与同学数人，俱以习诵为业。众皆一月，贤一日诵毕。其师叹曰：贤一日，敌三十夫也。乃受具戒，修业精勤，博学群经，多所诵达"，遂"以禅律驰名"。后"与同学僧迦达多共游罽宾，会有秦沙门智严。西至罽宾，睹法众清胜，乃慨然东顾曰：我诸同辈，斯有道志，而不遇真匠，发悟莫由。即咨询国众，孰能流化东土？"当时佛驮跋陀罗的师傅佛大先适巧在罽宾，对智严和尚说："可以振维僧徒，宜授禅法者，佛驮跋陀罗其人也。"经过智严等和尚"要请苦至，贤遂悯而许焉。"佛驮跋陀罗由青州东莱郡登陆后，由长安而庐山，由庐山而江陵、由江陵而建康，由建康而广陵。到扬州时已经是六十二岁的高僧，花了将近四年的时间翻译了六十卷《大方广佛华严经》，连字共圈点一万零七百八十六个，在扬州留下了神话般的掌故。据明《嘉靖惟扬志·杂志》引用南宋宝祐《惟扬志》记载："释晋佛驮跋陀罗，西域梵僧也。华言觉贤，释迦种姓，能通华言。席地跌坐，翻译《华严经》时，有两青蛇从井中出，变形青衣童子供事，自旦为尊者洒扫梵香，迄暮侯其收经卷而去，日复如是。译经既毕，青衣不知所在。时右卫将军褚叔度特往建邺，请于谢司空，求其别墅，而建寺焉。"

这个佛寺即扬州天宁寺，佛驮跋陀罗于刘宋永初二年（四二一年）十二月底离开广陵，返回建康道场寺，继续翻译佛教经典，毕生共译经十五部，长达一百一十七卷，对于我国南朝佛教禅宗经义的传播起了重大的作用，特别是对于中尼两国文化交流、交通路线的开拓都具有深远的影响。佛驮跋陀罗于元嘉六年（四二九年）圆寂于道场寺，享年七十一岁。他可能是我国历史上来到扬州的第一个外国人，也是沿着长江水道南下扬州的第一个外国人，距今已有一千五百六十多年。

二、唐朝时期的海外交通

这条海上丝绸之路在唐代进入极盛时期，这条路线由斯里兰卡向西进入波斯湾，到达幼发拉底河口的阿巴丹和巴士拉，延伸到阿拉伯半岛的亚丁，同时并已由广州沿海北上，一直延伸到长江河口的扬州，全长一万四千四百五十多公里。唐代时期的扬州由于处在长江河口段时期，有适宜的港口，又处在南北大运河中段淮南运河入江的河口位置上，南向可以进入江南运河，直达杭州，东向可以出海，直达日本或南下西洋，西向可以溯江而至襄鄂，或由九江南下洪州，转由梅岭之路到达广州，北向沿着运河直抵京洛，有着四通八达的水陆交通线路，是每个通商大港最为理想的市场和财货集散地。因此通过海上通道来扬州的外国人，除西亚大食国人以外，还有南亚婆罗门国人，东南亚昆仑、瞻波国人，以及东北亚新罗、日本等国人。在唐代最先来到扬州的，是新罗国人，居留在扬州最多的，要数大食和波斯国人。

1. 和朝鲜半岛的交通

扬州和朝鲜半岛的交通，至迟在晚唐之际，即已通过海上通道的北路直接来往了。约当唐代初期，朝鲜半岛上有三个国家，北部的高句丽与我国东北部国境毗连，南部又分为两个国家，西半为百济，东半为新罗。由于北面有高句丽亘阻，新罗很难沿着陆上通道与中国交通往来，唯一的办法就是充分运用海上航线。在早期，当高句丽还不是很强大的时候，通常沿着朝鲜半岛西海岸进入渤海湾，历史上称这条航线为北路。后来，高句丽强盛起来，甚至和中国连年发生战争，威胁到沿这条近海航行的交通线，加之航海技术已有了进一步发展，横渡海域不仅有了可能，而且更有了需要，于是新罗船只改由熊州与武州之间的海岸横渡黄海，在登州一带海域登陆，然后沿泗水、汴水而去京洛，或是沿着山东半岛，航行到江苏北部楚州以东海岸登陆,然后由淮南运河南下扬州,历史上称这条航线为南路。新罗人乃至以后的日本人,大多沿着南路而来扬州。

(1) 和新罗的往来

关于新罗人何时来到扬州的实例,至今尚未查到直接有关的著录。但是,从日本遣唐使的文献以及我国地方志书里,发现新罗人往往充当日本人的译语(即向导)而来中国,并在中国沿海地方设有新罗坊,成为新罗人聚居或接待行旅的处所,而且许多日本人也是往往寄住在新罗坊。由此可见,新罗人来中国之频繁自不待言,同时,也能看出,新罗人应当早在日本人来中国之前,就已经沿着这条海路来到山东登州、密州和江苏海州、楚州和扬州等地了。时至中唐时期,沿着北路来中国的新罗人更是难以数计。在日本请益僧圆仁写的《入唐求法巡礼行记》每一卷中,都要谈到新罗人的事情。随同遣唐大使藤原常嗣和请益僧圆仁由日本北九州渡海来扬州,书有姓名的新罗译语就有金正南、林正书等人。新罗人不仅在日本遣唐使团中充当译语,而且连中国海岸州县衙门里也有新罗译语。圆仁一行滞留楚州期间,曾经通过当地新罗译语说项,因此于"廿二日早期,沙金大二雨、大阪腰带一,送与新罗译语刘慎言",于是"廿三日未时,刘慎言细茶十斤、松脯赠来与请益僧",以兹答谢。可见新罗译语在中日两国交往中曾经起到过沟通和媒介的作用。其时,中国海岸的官民对于朝鲜语已经耳熟,对于日本语尚且分辨不清。《行记》中有以下一段记载:"爱村老王良书云:和尚到此处,自称新罗人,见其言语,非新罗语,亦非大唐语。见到日本国朝贡使船,泊山东候风,恐和尚是官客,从本国船上逃来。是村,不敢交官客住。请示以实示报,莫作妄语。"村老如不熟悉朝鲜语言,是难以一下子识破谎言的。似也可见，新罗和中国往还之密切了。

　　新罗人除了在中日两国之间充当翻译外，还有很大一批人是充当航海水手的。在日本第十五次遣唐使团于楚州返日的时候，"本国水手之外，更雇新罗人谙海路者六十余人"，后来因"第一船新罗水手艄公下船未来，诸船为此拘留，不得进发"。可见新罗水手在北路近海航行中，曾经一度左右过日本的航船。还有不少新罗人是从事近海运输与贩卖的，圆仁和尚曾两次遇到新罗人"从密州来，船里载炭，向楚州去"。当时的楚州属在淮南节度使管辖之下，处在淮南运河尾闾，与扬州息息相通，所以有些外国人直接称其为扬州节度使。新罗人到楚州的目的，一是由淮入汴北上京洛，一是沿运河南下扬州，或经商，或交通，或任职事。《行记》"会昌六年四月廿七日"条记载："新罗人王宗，从扬州将日本国性海法师书来中具说来由。五月一日王宗却归扬州去，便付书招唤性海法师。"这件事很能说明王宗的身份，无疑是从事交通的，不然不会于四月廿七日到，中间只停留了三四天时间，又于五月一日匆匆而返了。

　　（2）崔致远与《桂苑笔耕集》

　　在《桂苑笔耕集》里得到另外一个信息，即是新罗人崔致远曾于唐代乾符年间来到扬州，在淮南节度副大使高骈属下任都统巡官承务郎一职，为高骈掌管"笔砚军书"事务，深受高骈的赏识，赐官至殿中侍御史、内供奉、赐佩紫金鱼袋。据崔致远在状文中说，他是在十二岁那年，即唐咸通七年（866年）"离家西泛"，"当乘桴之际"，父亲告诫他："十年不第进士，则勿谓吾儿，吾亦不谓有儿往矣！"并鼓励他"勤哉无隳"。于是他在中国"观光六年"，即已"金名榜尾"，"寻以浪迹东都"，"尔后调授宣州溧水县尉"，

"及罢微秩,从职淮南",入于高骈幕府。中和四年(八八四年),其弟崔栖远"比将家信,迎接东归",得到高骈的同意,"许令归觐",并且给崔致远以淮南入新罗兼送国信使的职衔,于同年十月荣归故国。在临行之前,高骈赠送他行装钱二百贯(一千钱为一贯,二百贯即二十万钱),又叫军资库把八月份的月料钱(即薪俸)送到馆驿里去给他,并又赐给崔栖远三十贯钱,而且还让新罗国入淮南使金仁圭同乘淮南官船返国。所以在他们一行登程以后,崔致远特地写了一首《陈情上太尉》的七言律诗:"海内谁怜海外人,问津何处是通津。本求食禄非求利,只为荣亲不为身。客路离愁江上雨,故园归梦日边春。济川幸遇恩波广,愿濯凡缨十载尘。"

崔致远自宣州来扬州的时间,大约在乾符六年(八七九年)冬十月,即高骈自镇海节度使调任淮南节度使、诸道行营都统之际。他在任职期间,"适当乱离,寓食戎幕",撰写了一万余首诗义,经过"淘之汰之,十无一二","勒成桂苑集二十卷",因其"饘于是,粥于是,辄以笔耕为目"。崔致远编撰的《桂苑笔耕集》第一卷第一篇为《贺改年号表》,即祝贺唐僖宗改年号广明为中和之事,这是他来淮南幕府不久所写的早期文稿,第二十卷第一篇为《谢许归觐启》,是行将归国给高骈的感谢信,已是中和四年(八八四年)六七月间的事了。这部集子起于中和元年初,止于中和四年冬十月,是他在"军书幅至"的四年当中"竭力抵当"的成果。因是在前十一卷中,有相当一部分是与黄巢起义有关的文书,在后九卷中,有相当一部分是与人事交往有关的文书,但大多和"军书幅至"关联。这部集子对于研究晚唐时期淮南以及扬州的形势,具有重要的参考价值,并能反映扬州和朝鲜半岛的交通情况。

（3）新罗探候使

在唐朝直接支持下，处在朝鲜半岛东南沿海的新罗，于唐龙朔三年（六六三年）一举灭掉半岛西海岸的百济，又于乾封三年（六六八年）灭掉半岛北部的高句丽，统一了半岛的大部分地区，把全国划分为九州，设首都于半岛南部沿海的庆州。新罗不仅和唐朝中央政府及东部沿海城市交往甚密，而且和淮南道所在的扬州有着频繁而又特殊的交往。从崔致远所撰写的《桂苑笔耕集》里不难看到，新罗迟在晚唐时期才有使节的往还。在广明二年改元之前，新罗曾派朴仁范员外为探候使到过淮南，并有公状致淮南节度使。高骈亦曾有信致朴仁范员外：

忽奉公状，备睹忠诚，慰愜钦依，但增衷抱。员外芳含鸡树，秀禀鳌山。来登天上之金牌，桂分高影，去陟日边之粉署，兰吐余香。今者，仰恋圣朝，远衔王命，捧琛执贽，栈险航深，能献款于表章，欲致诚于官守。虽无奉使，难在此时。九州之侯伯倾心，万国之臣僚沮色。幸来敝镇，得接清规。况奉贵国大王，特致书信相问，将成美事，不惜直言。傥员外止到淮堧，却归海徼，纵得上陈有理，其如外议难防。无念东还，决为西笑。圣主方深倚望贤王，伫荷宠荣，道路亦通，舟船无壅，勿移素志，勉赴远行。峡中寇戎，或聚或散。此亦专令防援，必应免致惊扰，且适郁蒸，可谋征迈，馆中有阙，幸垂示之。所来探候事，已令录表申奏，敬惟览察。

从这封信中得知，在黄巢义兵攻下长安之后，新罗为了弄清中国的情况，特地派遣探候使经由传统的北路海域，来到淮南道楚州登陆。使节不想遽然北上，只把表章送到了扬州，准备就此回国复命了。所以高骈说了上面的一段话，劝其"勿移素志，勉赴远行"，并保证他的安全。这可能是新罗使节和扬州直接通问的起始，后来发展到互派使节存问了。据《桂苑笔耕集》记载，中和四年，新罗国派检校仓部员外郎、守翰林郎、赐绯银鱼袋金仁圭为新罗国入淮南使，崔致远的弟弟崔栖远为新罗国入淮南使录事。淮南节度副大使高骈派都统巡官承务郎、侍御史、内供奉、赐紫金鱼袋崔致远为淮南入新罗兼送国信使，一齐由北路海域回归新罗。崔致远一行是乘坐淮南官船去新罗的，他在《上太尉别纸》中曾说："乡使金仁圭员外，已临去路，尚阙归舟，恳求同行，仰候尊旨。伏蒙恩造，俯允卑诚。今则共别淮城，齐登海舰。"这就告诉人们，因属淮南军舟海舰，崔致远虽顶着淮南入新罗兼送国信使的头衔，还得要淮南节度使批准不可，足见驻节扬州城的淮南节度使，在实际上控制着由扬州港北行的楚州口岸，而且还拥有一支海上舰队，这些都和扬州海港的地理位置与兴盛的造船工业有着密切的关联。

崔致远一行去新罗，是于中和四年冬十月由扬州乘船循运河北上，再由楚州改乘海舶，沿着近海航行，泊舟于山东半岛胶州湾大珠山，至乳山候风，后渡海归于新罗的。他在候风时节写有《题海门兰若柳》七绝一首："广陵城畔别蛾眉，岂料相逢在海涯。只恐观音菩萨惜，临行不敢折纤枝。"杨柳是扬州的象征，扬州自古就有绿杨城郭之称。在唐人吟咏扬州的诗里，不乏吟咏杨柳的词句，如在王泠然的《隋堤柳》里，就有"隋家天子忆扬州"与"直到淮南种官柳"等句，柳与扬州几乎划了等号。崔致远在《桂苑笔耕集》中，用题柳诗来作为结尾，足以说明他对扬州有着深厚的感情。

（4）勾当新罗馆所

在唐朝东部沿海许多地方，凡是新罗人所到之处，差不多都有新罗坊馆。据《入唐求法巡礼行记》记载，从山东半岛的登州起，有下列新罗馆所：登州文登县东有勾当新罗所，登州赤山有新罗院，登州城南街有新罗馆，青州有新罗院。行巡至江苏北部沿海的楚州止，有下列新罗馆所：徐州涟水县有新罗坊，楚州山阳县城有新罗坊等。

这许许多多的新罗坊、新罗院和新罗馆，不仅是新罗人聚居的坊里，而且是款待新罗人的馆所。在这些馆所所在州县，设置过总管对外事务的勾当新罗通事押衙和勾当新罗使，并在这些机构里设有新罗译语诸职事。上述新罗馆所在招待新罗人的同时，还招待日本人。当然，像新罗坊这类的设置，不同于新罗馆和渤海馆之类的宾馆，后者才是唐朝待宾的地方。从这许多的新罗坊馆院所得知，新罗人往来唐朝东部沿海的情形，可以说是相当频繁而又密切的。并有不少新罗人定居在东部沿海大港扬州及其属下楚州等地，从事交通和商事活动，或在州县衙门担任职官与翻译工作。通过这些人事的往来，唐朝文化进一步传到了朝鲜半岛与日本列岛，对于沟通扬州和朝鲜半岛的文化交流以及政府与人民之间的友好往来，起到了不可磨灭的作用。

2. 和日本列岛的交通

扬州和日本列岛的交通，比较翔实而又可以稽考的历史，是从唐代开始的。从隋开皇二十年（六〇〇年）以来，日本不断派遣使团前来朝贡，直至唐乾宁元年（八九四年）以后，因"唐国动乱"方才终止。在整个唐代，日本先后十九次派遣使团，已经成行并已到达中国的达到十六次之多。先前，日本遣唐使来中国，大多沿着朝鲜半岛北路航行，后来由于新罗统一了朝鲜半岛，不愿日本直接与中国通好，时常阻碍日本航船，加之这条航线比较纡长，所以日本从唐永徽四年（六五三年）派遣第二次遣唐使团时起，另由大使高田根麻吕率领一百二十人的使团，试由北九州横渡东海，从扬子江口登陆，经过扬州，沿着运河北上长安。人们称这条航路为南路，而不同于由朝鲜半岛西海岸横渡黄海，由山东半岛登陆航行的南路。虽然这次日本遣唐使团在入唐途中，于日本萨摩国萨摩郡附近遇难，但未因此动摇日本由南路海域来中国的决心。第七次遣唐使团终于于武周大足元年（七〇一年）在执节使粟田真人、代大使坂合部大分率领下，由北九州筑紫起航，横渡东海成功，自此以后，日本遣唐使团大多由南路来中国。因此，扬州早在八世纪初叶已经成为中国对日本交通的东南门户。

（1）遣唐使团的往还

根据日本文献记载，在两个多世纪时间里，来到扬州的日本遣唐使团约有九次之多。每次遣唐使团的人员，从早期的二百四五十人，后来增加到五百人左右，于开元五年（七一七年）来中国的第九次遣唐使团人员达到五百九十四人之多。在日本遣唐使团里，不仅有大使、副使、判官、录事等职官，而且还包括知乘船事、造舶都匠、译语、主神、医师、阴阳师、画师、史生、射手、船师、音乐长、新罗译语、奄美译语、卜部、杂使、音声生、玉生、锻生、铸生、佃工生、船匠、舵师、仆人、挟抄、水手长和水手等职事，以及学问僧、留学生和他们的仆从等随行人员。到过扬州的遣唐执节使、押使和大使、副使，有日本文武朝的执节使粟田真人、代大使坂合部大分、副使巨势邑治，元正朝的押使多治比县守、大使大泮山守、副使藤原马养，圣武朝的大使多治比广成、副使中臣名代，孝谦朝的大使藤原清河、副使大泮古麻吕与吉备真备，光仁朝的送唐客大使布势清直，桓武朝的大使藤原葛野麻吕、副使石川道一，仁明朝的大使藤原常嗣、副使小野篁。在这些使节当中，要以孝谦朝的大使藤原清河、副使吉备真备和扬州的关系最深。

藤原清河于日本孝谦朝天平胜宝二年（七五〇年）九月二十四日被任命为第十次遣唐大使，于天平胜宝四年（七五二年）闰三月初九在内殿接受颁赐的节刀，光明皇后还向大使颁赐了御歌："大舶插满橹，送汝赴唐土。且祝神与祇，海上多庇护。"（见日本《万叶集》卷八）

在这次送行仪式之后，藤原大使率领着他的使团二百二十余人分乘四舶，从难波津出发，经濑户内海西下，穿下关海峡，抵筑紫大津浦，沿值嘉岛取道南路，横渡东海，在浙江沿海的明州（即今宁波）登陆，改由南北大运河经由扬州，北上长安。在鸿胪寺里会到日本圣武朝天平五年（七三三年）四月随第九次遣唐使团来中国的学问僧普照，得知扬州高僧鉴真五次东渡备受辛苦的情形，遂于唐天宝十二载（七五三年）南下扬州，于十月十五日亲与副使大泮古麻吕、吉备真备以及阿倍仲麻吕，到扬州延光寺面邀鉴真东渡弘法："弟子等，早知大和尚五回渡海向日本国，将欲传教，故今亲奉颜色，顶礼欢喜。弟子等先录大和尚尊号，并持律弟子五僧，已奏闻主上，向日本传戒。主上要令将道士去日本，君王先不崇道士法，便奏留春桃原等四人，令住学道士法。为此，大和尚名亦奏退，愿大和尚自作方便。弟子等自在载国信物船四舶，行装具足，去亦无难。"得到鉴真和尚的许诺，遂于同月二十九日由扬州江岸乘船至黄泗浦（即今江苏张家港境内），改乘遣唐使船渡海。不料藤原大使与阿倍仲麻吕乘的第一舶遇风漂到越南欢州海岸，后来几经周折，重又回到长安，在唐朝做了官。日本淳仁朝天平宝字三年（七五九年）正月，特地派遣从五位下高元度为迎入唐大使，由北路来中国，迎接藤原清河回国，终未如愿。但是，藤原大使尽管自己未能回归故国，却和扬州结下了深厚的情谊，鉴真和尚东渡成功，和藤原大使有着至为密切的关联，并为中日两国人民的友好往来与文化交流，作出了不可忽视的贡献。

（2）留学生的派遣

吉备真备是于日本元正朝养老元年（七一七年）三月，跟随第八次遣唐押使多治比县守来我国的留学生，研习经史历时长达十七年。后于唐开元二十二年（七三四年）十一月搭乘第九次遣唐大使多治比广成的海舶返回日本奈良，得到圣武天皇的器重，于日本天平九年（七三七年）破格晋级为从五位上，次年又授了右卫世督的高官。由于他提升得太快，受到藤原家族的嫉视，太宰少贰藤原广嗣甚至要举兵清除吉备真备和玄昉。后来，吉备又于天平胜宝四年（七五二年）闰二月以第十次遣唐副使的身份，随同藤原清河大使再次来到中国，于唐天宝十二载（七五三年）十一月乘第三舶归国，累进至右大臣的高位。

吉备最初来我国留学的时候，还是一个年方二十四岁的青年。当他以遣唐副使的身份再来中国的时候，已经是年已六十的老人了。他曾随同藤原大使等人，到扬州延光寺邀请鉴真和尚东渡。鉴真和尚此次东渡乘的是副使大泮古麻吕的第二舶，学问僧普照乘的是吉备真备的第三舶，皆已安抵日本。日本天皇又敕命吉备以正四位下的身份为特使，诏慰鉴真一行。可见吉备真备和中国、和扬州、和鉴真的关系，是何等的密切。

更为重要的一点，吉备在这长达三十六年的时间里，曾经两次经由南路来中国，四次往返扬州。他是唐代扬州海港经由次数最多而又历时最久的使节，成了盛唐上半期扬州港口对外直接交通难得的见证人。同时，吉备真备还是日本文字片假名的创始者。片假名是一种用汉字偏旁编制出来的字母，其发明和通用，把中日两国文化紧密地融合在一起，成为两国文化交流的纽带和象征，为日本"大化革新"作出了历史性的贡献。这些成就，都是和海上通道的发展分不开的，由此可见，扬州港在中古世纪的日本交通史上占有多么重要的地位。

与吉备真备同期来中国的，还有一位名叫阿倍仲麻吕的日本留学生，当时只有十七岁，和吉备真备等人是奈良时代第一批遣唐的留学生。据《旧唐书·东夷传》记载："开元初，又遣唐使来朝。因请儒士授经，诏四门助教赵玄默就鸿胪寺教之……其编使朝臣仲满，慕中国之风，因留不去，改名为朝衡，仕左补阙，仪王友，累进至秘书监兼卫尉少卿。"

《旧唐书》里所说的朝臣仲满与朝衡，即是随第八次遣唐使团入唐的留学生阿倍仲麻吕。其人姓阿倍，又作阿部，名仲麻吕，又作仲磨。入唐以后，因麻吕读音与汉音满字相近，仲麻吕又读作仲满，朝臣仲满遂成了朝仲满，后又改作朝衡。他在唐朝有许多至好的朋友，如唐玄宗第十二个皇子仪王李璲、大诗人李白和王维等人。由于朝和晁字音读相近，李白等人都以中国姓氏里的晁字，称他为晁卿，或加上他的官衔，称他为晁校书和晁监。

阿倍仲麻吕第一次到扬州，是在开元五年（七一七年）随第八次遣唐押使多治比县守入朝的时候，那年只是在扬州稍事停留，一经而过，观光一番，随即北上长安。第二次到扬州，是在天宝十二载（七五三年），得到玄宗同意，随第十次遣唐大使藤原清河归国南下的时候。这时，他怀着深厚的情意写下题为《衔命还国》的五言诗："衔命将辞国，非才忝侍臣。中天恋明主，海外忆慈亲。伏奏违金阙，骖非去玉津。蓬莱乡路远，若木故国邻。西望怀恩日，东归感义辰。平生一宝剑，留赠结交人。"

阿倍仲麻吕于是年十月十五日，曾与大使等人来到扬州延光寺，邀请鉴真和尚再次东渡弘法，得到这位盲圣的允诺，并于十一月十日在黄泗浦一度与鉴真同在藤原大使第一舶上。后来鉴真应副使大泮古麻吕的招呼，改乘第二舶。谁知两次经由扬州港口并与鉴真结过面缘的阿倍仲麻吕，自此以后竟与藤原大使一直漂流到了占婆（今越南中部）。约在次年夏天，李白才听说阿倍仲麻吕在海上遇难的传闻，极为悲痛，写下了《哭晁衡》七言绝句："日本晁卿辞帝都，征帆一片绕蓬壶。明月不归沉碧海，白云秋色满苍梧。"

后来，阿倍仲麻吕与藤原大使历尽千辛万苦，方才回到长安，重新在唐朝做官，官至左散骑常侍与镇南都护之职，于大历五年（七七〇年）殁于长安，终年七十岁。他的一生，成了中日两国人民友爱相处、朝夕与共的历史见证，也是扬州与日本海上交通的亲身经历者，与扬州这座古老的历史文化名城结下了不解之缘。

（3）学问僧的涌入

在长达二百六十四年之久的整个日本遣唐使期间，随遣唐使团来中国的学问僧和请益僧，据日本学者木宫泰彦统计，录有名号的有：孝德朝的道岩、道通、道光、觉胜、惠照、僧忍、知聪、道昭、定惠、安达、道观、知辨、义德与道福、义向等人，文武朝的道慈、弁正等人，元正朝的玄昉等人，圣武朝的荣睿、普照、玄朗、玄法、业行等人，孝谦朝的行贺、戒明、得清、善仪、戒融等人，光仁朝的永忠等人，桓武朝的空海、灵仙、圆基、金刚三昧、法道与最澄、义真等人，嵯峨朝的圆仁、圆行、圆觉、常晓、戒明、义澄、真济、真然、惟正、惟晓、仁好、仁济、顺昌等人。

（4）普照和尚八下扬州

在这多次派遣的学问僧和请益僧中，自文武朝的道慈和尚开始，即已改由南路来中国，扬州必然成为他们首先到达的港口城市。因此，自武周大足元年（七〇一年，日本文武朝大宝元年）往后来到中国的日本僧人，大多是由扬子江入口，经过扬州而后北上京洛。有一些僧人在扬州佛寺里抄录佛经，或作短暂的停留，业行和尚就是其中的一个。业行于天宝元年（七四二年）随同荣睿、普照南下扬州，在长达十一年的时间里，先后进出扬州唐城以东三里的禅智寺及临湾坊的梵寺，抄写佛教密宗所用念诵、供养仪式与轨则等经典，直到天宝十二载（七五三年）十月，方才随同第十次遣唐大使藤原清河乘第一舶归国。

在日本学问僧当中，要以荣睿、普照和扬州的关系最为密切。荣睿，日本美浓人，是兴福寺的和尚。普照则是大安寺的和尚，母家俗姓白猪，名作与吕志女，于称德朝天平神护二年（七六六年）二月八日，自正六位上被封为从五位下的品秩。白猪氏的祖先为朝鲜半岛百济国王尔辰的侄子，白猪氏族人以多与外国有关而知名。

荣睿和普照是于圣武朝天平五年（七三三年）四月，受日本佛教领袖隆尊的使命，随同第九次遣唐大使多治比广成，从难波起航，经南路海域，由扬子江口入扬州港，沿淮南运河北上东都洛阳。荣睿、普照等人被分配到大福先寺，究习高僧定宾的《饰宗义记》和法励的《四分律疏》等佛法。唐开元二十五年（七三七年），荣睿、普照等僧人进入长安，荣睿于大安国寺深究师傅定宾的佛学，普照住进崇福寺，一面专攻《饰宗义记》和《四分律疏》，一面兼学与此相对立的怀素和尚的律学以及南山宗的佛学。

天宝元年（七四二年），荣睿和普照等一行七人离开长安，由汴水入淮，南下扬州，住在扬子津畔的既济寺里，专程至扬州唐城西门外蜀冈上的大明寺，邀请在那里讲授律学的鉴真大师东渡弘法。据日本文学家真人元开《唐大和上东征传》记载，荣睿、普照至大明寺，顶礼大和尚足下，具述本意曰："佛法东流至日本国，虽有其法，而无传法之人。日本国昔有圣德太子曰：'二百年后，圣教兴于日本。'今钟此运，愿大和尚东游兴化。"大和尚答曰："昔闻南岳思禅师迁化之后，托生倭国王子，兴隆佛法，济度众生。又闻日本国长屋王崇敬佛法，造千袈裟，弃施此国大德众僧，其袈裟缘上，绣著四句曰：山川异域，风月同天，寄诸佛子，共结来缘。以此思量，诚是佛法兴隆有缘之国也。"当即慨允东渡。于是大和尚与荣睿、普照等人，于既济寺备办干粮，抵东河造船，从此揭开了东渡的序幕，也从此备受千辛万苦。

荣睿前后来中国十八年，四次往返扬州，于天宝九载（七五〇年）第五次东渡失败后，途次端州（今广东肇庆）龙兴寺时不幸病逝，遂葬于此。一九六三年，鉴真大师东渡一千二百周年纪念之时，中国人民为了不忘荣睿和尚促进两国人民友好往来的辛劳业绩，特于龙兴寺所在地鼎湖山麓树立了"日本入唐留学僧荣睿大师纪念碑"。

普照在荣睿病逝不久之后，又于韶州开元寺辞别大和尚，由岭北去明州鄮山阿育王寺。大和尚执着普照的手悲泣而曰："为传戒律，发愿过海，遂不至日本国，本愿不遂。"于是分手，感念无喻。不意普照却走完了鉴真于天宝三载（七四四年）由明州发向福州准备再作东渡时，未曾走完的浙闽沿海通道，其时普照已经四十五岁。他与鉴真分手后，由广东韶州发向福建福州，然后由福州沿海北上，出分水关，向温州进发，取永嘉郡路，以抵明州鄮山阿育王寺。自永嘉禅林寺向南的路程，正是鉴真没有走完的路程。在这次行旅中，普照最终走完了由明州到福州的浙闽通道，把我国中古世纪由福州港口经明州与杭州到扬州港口的沿海通道联结起来。

这在当时是十分难能可贵的，在这条浙闽沿海通道上，有一条很难通行的天台之路。据《东征传》记载，天宝三载鉴真率荣睿、普照和祥彦、思托等三十余人，"至台州宁海县白泉寺宿，明日斋后逾山。岭峻途远，日暮夜暗，涧水没膝，飞雪迷眼，诸人泣泪，同受寒苦。明日度岭入唐兴县，日暮至国清寺"。

普照于天宝九载之所以选择天台之路北上明州，一来是对这条通道比较熟悉，在明州有候船归国的机会，二来是这条通道比较便捷。普照当年六月与大和尚分手，秋末即已到达鄮山阿育王寺，随后又由明州去杭州，再由杭州沿南北大运河北上洛阳，在途经扬州时，鉴真一行沿着梅岭之路跋涉，尚未能回到扬州，比起鉴真一行的行程，大为缩短了时日。普照由福州到扬州的这段行程，可以说是扬州至福州最早的陆上通道，比黄巢于乾符五年（八七八年）八月开凿仙霞岭之路的时间，还要早近一百三十年。普照的这次经行，似乎可以说是浙闽沿海陆上通道见于文献著录最早的一次。

普照在中国的时间，自开元二十一年（七三三年）算起，至天宝十二载（七五三年），在这二十一年中，有十二年时间花在邀请和陪同大和尚东渡上。（一）开元二十一年秋，随第九次遣唐使团经由扬州北上洛阳。（二）天宝元年（七四二年）十月，普照与荣睿等人由长安来到扬州，住过既济寺、大明寺，到过禅智寺，直至次年十二月方才扬帆东行。（三）天宝三载（七四四年）东渡失败后，普照与荣睿重来扬州，随同鉴真住在龙兴寺三月，到过禅智寺，于次年二月离扬州去同安郡（今安徽安庆）。（四）天宝七载（七四八年），普照与荣睿来扬州崇福寺访鉴真和尚，到过临湾坊山光寺旁的梵寺，于同年六月二十七日于扬州新河出发作第五次东渡。（五）天宝九载（七五〇年）东渡失败后，只身由明州、杭州，经由扬州北上长安。（六）天宝十二载（七五三年）四月，又只身由长安、汴州，经由扬州南下明州鄮山阿育王寺。（七）同年十月初二，普照由明州回到禅智寺，十九日到达扬州江边与鉴真会合，乘船去黄泗浦。（八）同年十月二十三日，普照折返扬州，没有找到同学僧玄朗，于十一月十三日重返黄泗浦，乘第十次遣唐副使吉备真备的船舶，于十五日起航，渡海归国。

在这长达二十一年的时间里，普照有八次往返扬州，到过六个以上的寺院，观览过城市风光。这不仅说明普照和扬州有着至为密切的关系和深厚的情谊，而且还说明唐代扬州港口四通八达的兴盛情况。普照以亲身的实践，为扬州中古世纪对日本交通和内陆交通历史提供了宝贵的实例。

（5）圆仁和尚入唐求法

在日本请益僧当中，要以日本仁明朝承和五年（八三八年，唐开成三年）随第十五次遣唐大使藤原常嗣来中国的圆仁和尚，关于日本和扬州之间海路交通的记录最为完备。圆仁一行于是年六月十七日起航，到志贺岛，二十三日巳时到有救岛，酉时上帆渡海，于二十九日船抵中国海岸，七月二日未时到达扬州海陵县白湖镇桑田乡东梁丰村。随后沿运盐河西行，于十八日申时宿郭浦村，十九日午时到临河仓铺，二十日卯时到赤岸村，未时到如皋，二十三日辰时抵海陵县城，宿南江西池寺，二十四日申时到海陵县宜陵馆，二十五日巳时到仙宫观，未时到江阳县禅智寺前桥。申时毕，抵扬州罗城东郭水门，酉时到城内北江停宿。二十六日晡时下船，宿住江南客店。计自日本来扬州，总共花了五十四天时间，其中在日本海岸逗留七天，渡海六天，沿运盐河西行二十五天，在扬州暂事休息五天。于八月一日早朝，藤原常嗣大使于扬州牙城内会见扬州大都督府长史兼淮南节度副大使、扬州刺史李德裕。

圆仁和尚的这段航行记录，对于从日本渡海、在扬州海陵县掘港登陆、沿运盐河西行扬州城的交通线路以及交通状况的叙述，是一个极为难得的实录。唐代扬州是中古世纪国际知名的一大海港城市，无论是东北亚或是东南亚的海上航船，大多在扬子江附近的明州以及江口南岸的苏州、常州沿岸登陆，然后改由江南运河或溯江而上扬州，与这段航程有关的记载也比较多。但由扬子江口北岸附近的掘港，经由运盐河西下扬州的实例比较少，与这段航程有关的记载也不多，圆仁一行的记录不仅弥补了文献资料的不足，还填补了扬州东行海上口岸的空白。

扬州以东的这条运盐河，汉代只通到海陵，后来随着沿海的滩涨、盐场的东移，遂不断向东延伸，到了唐代，已经延伸到海陵县东掘港一带。据《入唐求法巡礼行记》记载：七月二十一日"申终，到延海乡延海村停宿，蚊虻甚多，辛苦已极。当夜发行，官船积盐，双结续编，不绝数十里，相随而行，乍见难记，甚为大奇"。上述这段话，就是这条运盐河在当时最好的写实。因此，掘港便成为扬州东行的入海口。从唐开成三年（八三八年）随藤原常嗣渡海来中国的新罗译语金正南，在大使"深怪海色还为浅绿"时说："闻道扬州掘港难过，今既逾白水，疑逾堀港欤。"从这番话里得知，他们已不是第一批至达掘港的海舶，在他们之前，已有过从掘港登陆的记录。所以在经常航行于扬州海岸的新罗人中，留有相当广泛的传闻，不然的话，金正南是不会作出如此猜度的。

从掘港西行扬州，是沿着水路航行的。《行记》中写道："十七日午时，射手大宅宫继与押官等十余人，从如皋镇家、将卅余草船来……十八日早朝，公私财物运舫船。巳时，录事以下、水手以上，从水路向州去。水牛二头，以系四十余舫，或编三艘为一船，或编二只为一船，以缆续之。前后之程难闻，相唤甚征。"

在水路航行中，用水牛牵引船舶的记载，除去《行记》而外，还在唐贞元四年（七八八年）梁肃写的《通爱敬陂水门记》里，已说道："（开元）其后，江流南徙，波不及远。河流侵恶，日淤月填。岁若不雨，则鞠为泥涂，舟楫陆沉，困于牛车。"梁肃所说的"困于牛车"，在那"入郭登桥出郭船"时代的扬州，绝不是指陆上的牛车，而是指的"鞠为泥涂，舟楫陆沉"的河道，系诸水牛牵曳的船舶，就好像受困的牛车一般难行。

梁肃的这段记载，要早于圆仁的记载五十年，但扬州自贞元四年杜亚"命新作西门，所以通水"以后，靠近扬州城内的这段运河已经"漕挽以兴，商旅以通，自北而南，泰然欢康"了。所以，在圆仁由掘港来扬州的航程中，过了海陵县城之后，已不再记述"诸船系水牛牵去"的事情。他在七月二十五日申时，出发向扬州东郭水门时，盛称"江中充满大舫船、积芦舡、小船等不可胜计"。圆仁在这里所说的江，实际上是大运河，即古邗沟的一段，邗沟又名邗江，可能即是此谓。

用水牛牵引船只的航行事例，已不知始于何时，但是其下限一直延长到清代晚期。航行于如皋以下的运盐船，仍然使用水牛在运盐河里牵曳，这种以牛作动力的好处，可以节省人力。《行记》中有一段生动的描述："船行太迟，仍停水牛，更编三船以为一番。每番分水手七人，令曳舫而去。暂行人疲，更且长续系牛曳去。左右失谋，疲上益疲。多人难曳，系牛疾征。爰人皆云：一牛之力，即当百人矣。"

这可能就是在易于淤积的近海河港里以水牛牵船经久不衰的根本原因，但也不难从《行记》中看到，海陵以东的运盐河并不是自然的港汊，而是一条"宽二丈余，直流无曲"的人工运河，河岸上更有"杨柳相连"。当时的如皋已是运盐河边"富贵人家相连"的大镇，由此更向西行，水中的鹅鸭、岸上的人宅逐渐稠密起来，而且"竹林无处不有"，并有于水曲养集水鸟数量多达两千有余的情景。这些均告诉人们，扬州东行的运盐河不是荒凉的境界，而是一条相对稳定的运道，一个井然有序、相当繁盛的区域。虽然这条东行入海的运道早已有了文献记载，但皆略而不详。

圆仁和尚的功绩在于，以经行实录的形式记录了这条运道的具体情况，充分说明掘港在中古世纪航海中的地位，显然只是扬州港的一个泊岸，而不是通常使用的出海口。在长达三个世纪的唐代，扬州港的出海口岸是南在扬子津、北在楚州。因此，圆仁和尚一行归国时的航线，即是经由楚州口岸出海，以新罗人开辟的近海航道，沿着山东半岛、朝鲜半岛西海岸航线返航的。圆仁和尚一行往返的航线，以扬州港为汇合点，恰好走了一个环形线，把中日两国海上交通的南北两条线路联结起来，为唐代扬州港口的研究留下了一份珍贵史料。

圆仁和尚入唐求法，不仅用他的足迹写下了中日交通的航程，而且用他的《行记》记下了唐代扬州的情况。《行记》中说："廿一郎来语，州里多少？扬州淮南节度使领七州，扬州、楚州、卢州、寿州、徐州、和州也。"虽不知圆仁所说的廿一郎是何许人，但可以判断是唐代扬州人。他告诉圆仁的这番话，与开成年间淮南节度使所领七州相合。所以圆仁记有："今此扬州淮南道，台州江南西道也。"当然，台州是属在江南东道，他可能弄错了方位。《行记》中还记有："扬州有七县，江阳县、天长县、六合县、高邱县、海陵县、扬、扬子县也。今此开元寺，江阳县管内也。"圆仁所记"扬州七县"是对的，但他把这七个县记的有错误。其中的高邱县应为高邮县，海陵县与扬子县之间的"扬"字，应是一个重复的字，而不能把它看作是一个县。他只记下了六合县，还缺一个江都县。江都县是扬州属下的附郭县，在唐贞观十八年（六四四年）之前，扬州领四县，即江都、高邮、海陵、六合，还没有江阳县。在贞观十八年期间，扬州大都督府长史李藻奏请朝廷，割江都县合渎渠以东九乡立江阳县，可见原先江阳与江都是一个县，即江都县。合渎渠即合江淮二渎的渠道，也即是邗沟与淮南运河的别称，渠水自东而西流经唐代扬州罗城之内，当时的人称它为城内官河。大历年间诗人李绅在《入扬州郭》诗序中说"潮水旧通扬州郭内"官河，足以证明，这条官河原是通江入淮的运道，所以圆仁一行入唐以后，由海陵县如皋镇的掘港乘船，沿着运盐河西行，至江阳县临湾坊，与淮南运河交汇，继由淮南运河，经禅智寺前桥西行三里，入扬州罗城东郭水门，到城内北江停留，于第二日宿于江南官店等语，都是说的这条划分江都与江阳县界的合渎渠。

当时扬州城池的规模，圆仁复行写道："扬府南北十一里，东西七里，周四十里。从开元寺正北，有扬府。"在此两处说到的扬府，有两个截然不同的意思。开头一个扬府，是指扬州城池，末尾一个扬府，是指扬州大都督府衙门。当然，圆仁所记的唐代扬州城，是听廿一郎说的，加上语言上的隔阂，难免要产生一些失误，但大体上和今天的考古所得资料有许多相符相似之处，仍然具有相当重要的参考价值。这又是圆仁和尚入唐求法以来，作出的另一个不容忽视的贡献。

3. 航海技术的发展

中日之间的海上交通，由于北路属于傍岸近海航行，虽然比较安全，但航海的日数较多。例如，圆仁一行于唐大中元年（八四七年）六月十八日晚，由楚州乘新罗坊王可昌船航行，于二十六日到崂山，七月二十一日到登州界。九月二日午时，从赤浦渡海，三日抵朝鲜西海岸。十六日初夜，抵日本肥前町松浦郡北界鹿岛。这次航行，前后共花去两个月零十四天的时间，因而人们多取道南路。取道南路渡海，一般以三昼夜至六七昼夜之间，很少有超过十昼夜的。如天宝十二载（七五三年）十二月十六日，由扬子江口黄泗浦东渡的鉴真和尚一行，于二十一日即达阿儿奈波岛（即今冲绳岛），其间只花了五昼夜时间。开成三年（八三八年）六月二十三日，由日本有救岛扬帆渡海的圆仁和尚一行，于二十九日即达扬州掘港海岸，其间也只花了五昼夜时间。这条海路比较便捷，因此，在日本宇多朝宽平六年（八九四年）废止遣唐使之后，由于航海技术水平的提高、造船技术的进步，特别是季候风的掌握，遇难的船次极少，取道南路往返中国的航次，比之前还要稳定且更繁忙，但是往来于中日之间的海船，几乎全都是唐朝的商船，其中虽然也有在日本建造的，但建造者和驾驶者大多是唐人。扬州处在中日海上交通通商口岸的地位，而且是唐代东南沿海造船的重要基地，那么，中晚唐之际航行于日本的海舶，也就必然有许多是扬州制造的。

4. 扬州的造船业

扬州造船业的历史已无确凿文献可证，最早的记载仅见于《汉书·刘濞传》上的"伐江陵之木以为船"，但在唐代却有不少记载提及扬州造船的情况。据真人元开《唐大和上东征传》中说："天宝元年十月，鉴真与荣睿、普照要约已毕，始抵东河造船。扬州仓曹李凑依李林宗书，亦同检校造船。"

鉴真和尚一行所造的船，是为了东渡日本而用，当然造的是海舶。在第一次东渡未遂之后，鉴真又于天宝二年（七四三年）"仍出正炉八十贯钱，买得岭南道采访使刘臣邻之军舟一只"。虽然没有说明这只军舟造于何处，但已说明是航行于广州与扬州之间的海舶。从而说明，在扬州不仅可以造海船，而且还可以买到海船，可见扬州航海事业之发达。

除上述事例以外，据《全唐文》记载，张鷟写道："五月五日，洛水竞渡船十只,请差使于扬州修造。须钱五千贯,请速分付。"十只船的造价为五千贯钱,每只船价达五百贯,按通常计量方法计算,每贯合一千文,五百贯为五十万文。用以和鉴真买得的军舟船价相比,要高出四百二十贯钱,合计为四十二万文之多。可见一艘海舶的价值,尚不及洛水竞渡船价的五分之一。

唐大历元年(七六六年)正月,代宗李豫以户部尚书刘晏为淮南等道盐铁转运使。据《唐语林》记载:"晏初议造船,每一船用钱百万……乃置十场于扬子县,专知官十人,竞自营造。"加上民间造船业的兴起,扬州造船工业达到鼎盛时期。考古工作者曾于一九六〇年三月在唐代扬州扬子县江滨(今施家桥船闸),发掘了一处唐代停船的码头以及一艘唐代大木船和一艘独木舟。大木船原长二十四米,船身上口中宽四点三米,平底宽二点四米,从船口到船底深度为一点三米。全船以楠木制造,船板厚度为十三厘米,船板之间的缝隙都以油灰填补,以铁钉排列钉合,船隔仓枕木和隔仓板与两侧船舷榫合而成,是中国发现的水密仓船最早一例。独木舟出土的位置,船头紧挨着大木船的右舷,整个船身与大木船相交成二十度角。这艘独木舟是用一根直径一米左右的楠木树干,于当中刳空而成。船的头尾微微翘起,两头舱盖有平板,船头右偏平板上有一拴绳子的木扣子,船尾平板上有两个方形的穿孔。全长为十三点六五米,船的仓口中宽七十五厘米,深五十六厘米,船舷和底板厚度各为六厘米。

在这两艘木船里,残存有青釉瓷钵、铁刀、铁铲,以及竹缆、顶篷、铁链条、棕皮、棕绳和松香等物,并出土有一尊鎏金小铜菩萨造像。考古工作者根据扬州地理变迁以及船的结构与出土文物形制,鉴定为唐代制造的海船。据《续日本记》淳仁朝天平宝字五年（七六一年）八月甲子条记载，唐朝造长八丈的大船，送日本迎入唐大使高元度等十人回国。这艘船的长度，用唐一尺合公制零点三一三米计算，为二十五点五九米多一点，与扬州施家桥出土的唐代大木船长度基本相似。此外，在日本也曾经出土过一艘独木舟，另在唐代扬州罗城南郭外（即今旧城石塔寺路东首），曾经在运河故道一侧发现残存的唐代独木舟多艘。扬州和日本发现的独木舟外形基本相似，为两国造船史的研究提供了重要的实物例证。

考古学家在一九七三年六月于江苏如皋县马港的河旁地下二点五米深处，发掘出一艘长十七点三二米的木船。船舱上口中宽二点五八米，下口底宽一点四八米，舱深一点六米，船身用三段木料榫合而成，形状细长，头尾稍狭，舷板厚度为四至七厘米，船底横板断面呈圆弧形，厚在八至十厘米之间。这艘船共分九舱，第一舱为船首，残长二点三米，舱内板缝中发现唐代开元通宝铜钱三枚，舱外有竹缆的残迹。第二舱长二点八六米，舱底发现陶缸残片。第三、四、五舱各长二点一米，是全船最大的三个舱位，隔舱板内部互通，盖板皆朽，但留有竹篷的痕迹，在舱的底板上留有竹席的痕迹。第六舱长一点一米，第七舱长零点九六米，第八舱长一米，六七两舱之间为舱门，七八两舱底垫有铺板，于第七舱底发现瓷碗三只、瓷钵二只、兽骨两块。第九舱为尾舱，残长一点五米，舵已不存。船底以整木榫接，以铁钉钉成上下两排，相交成人字缝，铁钉断面成方，每面零点五厘米，长十六点五厘米，钉头直径一点五厘米。船缝中填以油灰，相当密实。在第二舱与第三舱之间发现一段桅杆，残长一米，直径零点三二米，并在桅杆旁发现瓷坛两只、瓷缸一只、破碎瓷碗一只和木勺一件。从船的整体结构看，船身显得修长，是一艘以松木和杉木制造的木船，是一艘舱面覆板、舱口架篷的单桅船，是一艘载重约二十吨位的运输船。据如皋造船社判断，还是一艘沿江近海四大船型中的沙船，其特点是底平、吃水浅，既能顺风又能逆风顶水航行。经专家鉴定，这是唐代制造的单桅九舱运输木船。

江苏北部地区发现的三艘唐代木船，一在扬子江津北岸东沿的码头遗址，二在扬州东行运盐河河口地带。这两处地点，都在扬州港的出海口岸范围内，虽还不能断定为海舶，但这种平底木船在当时是可以使用于近海航行的。它们的先后出土，对于研究唐代扬州港口的通道以及唐代扬州造船工业的状况，无疑增添了一份十分珍贵的物质文化资料。

5. 鉴真大师东渡

在整个唐朝时期，经由扬州港口东渡日本，而又见于著录的唐朝人大致有：

（1）洛阳大福先寺的道璿律师，于开元二十四年（七三六年）七月乘日本第九次遣唐副使中臣名代的第二船到达日本；

（2）唐人袁晋卿与皇甫东朝，也于上述年月乘遣唐使第二船到达日本；

（3）扬州大云寺鉴真大师，于天宝十三载（七五四年）正月乘日本第十次遣唐副使大泮古麻吕的第二船到达日本，随行的中国佛教徒中，有扬州白塔寺僧法进、兴云寺僧义静、泉州超功寺僧昙静、台州开元寺僧思托、衢州灵耀寺僧正载、窦州开元寺僧法成与滕州通善寺尼智首，及扬州优婆塞潘仙童等人到达日本；

（4）唐朝使节赵正英、孙兴进等人，于大历十三年（七七八年）

乘日本第十二次遣唐使船东渡，赵正英所乘第一船漂溺而沉没，孙兴进所乘第三船于同年十月到达日本松浦；

（5）唐使孙兴进，于日本光仁朝宝龟十年（七七九年，唐大历十四年）五月乘日本第十三次遣唐使船回到中国。

自此而后，根据日本太宰府的记录，由扬州北行口岸楚州往日本，或是由日本南路海域往中国，到达扬州北行口岸和南行口岸的船只，直至晚唐天复三年（九〇三年）前后从未终止。不过，在这些东渡事迹里，要以扬州鉴真大师的东渡最为壮观，其意义及其影响最为深广。

鉴真和尚，俗姓淳于，已佚其名，乃扬州江阳县人氏，出生于唐垂拱四年（六八八年），十四岁随父至大云寺礼佛，动念出家，遂就智满禅师为沙弥，配住大云寺（后改为龙兴寺），十八岁从道岸律师受菩萨戒，二十岁离开扬州，杖锡东都（即洛阳），因入长安（即今西安），于西京实际寺从恒景律师登坛受具足戒，而后巡游二京（长安与洛阳），究学三藏，随章安大师学天台宗佛学，又随融济、义威、远智、全修、慧策、大亮等律师学习律宗学说。旋归扬州讲律授戒，名满江淮，成为一方授戒大师。

时至天宝元年（七四二年），鉴真和尚年已五十五岁，在扬州大明寺为众僧讲授律学之际，日本学问僧荣睿、普照等人由长安慕名而来，顶礼大和尚足下，邀请东渡日本弘法。在众僧碍难于"彼国太远，生命难存，沧海淼漫，百无一至"之时，大和尚慨然应允："是为法事也！何惜身命。诸人不去，我即去耳。"他那种以身殉法、不畏难险的宗教精神，感动了僧众，弟子祥彦首先响应道："大和尚若去，彦亦随去。"于是，唐僧道兴、道航、神崇、忍灵、明烈、道默、道因、法藏、法载、昙静、道翼、幽岩、澄观、德清、思托，及高丽僧如海等二十一人，皆愿同心随大和尚去日本，从此经历长达十二年五次艰难困苦的失败，终于唐天宝十二载（七五三年）十二月二十日到达日本南九州的秋妻屋浦（即今鹿儿岛川边郡大字秋目村），次年二月一日到达难波，四月到达京城奈良。孝谦天皇敕遣正四位下安宿王于罗城门外迎慰，馆于东大寺，宰相、右大臣、大纳言以下官员一百余人前来礼拜问讯。孝谦天皇敕命遣唐副使吉备真备为特使，到东大寺宣慰鉴真一行："大和尚远涉沧波，投此国，诚副朕意，喜慰无喻。朕造此东大寺经十余年，欲立戒坛，传授戒律。自有此心，日夜不忘。今诸大德远来传戒，冥契朕心。自今以后，授戒传律，一任大和尚。"随又敕授传灯大法师的职位。日本天平胜宝六年（七五四年，唐天宝十三载）四月，鉴真于东大寺卢舍那大佛殿前立戒坛，为上皇、皇太后与皇太子以及旧大僧灵佑等四百八十余人授戒。天平宝字三年（七五九年，唐乾元二年），鉴真于故一品新田部亲王旧宅建唐招提寺，并移居寺内，孝谦天皇亲笔为唐招提寺题了门额。

鉴真一行在东渡弘法的同时，还对扬州内外的交通作出了不朽的尝试，为今天留下了可贵的记录。鉴真和他的僧团在第二次东渡时的经路，是由扬州举帆东下，驶经狼沟浦（今南通狼山附近）、大屿山，因在发向桑石山（今浙江沿海）途中，遇到"风急浪高，舟无着岸，无计可量"的险境，终于破舟，人尽上岸，宣告此次东渡失败，后乘还海官船至明州（今浙江宁波），住鄮山阿育王寺。

鉴真一行在明州经过第二次挫折之后，作出第四次东渡的决定。派遣弟子法进循着浙江到福建的沿海通道，先行将轻货发往福州买船，并备办粮食和用品，打算由福州东渡日本。同时，鉴真领着僧团由鄮山循山路出明州，至台州宁海县，宿在白泉寺，继又逾山度岭，入唐兴县（即今浙江天台），至国清寺，随又出始丰县（即天台），入临海县，循江去黄岩。正欲发向温州，被江南东道采访使下牒诸州，于浙江永嘉禅林寺将鉴真一行追回扬州，令住本寺（即龙兴寺），此次东渡宣告失败。但是，鉴真和他的僧团在这次东渡中经行的天台通道，又名天台之路，是中古世纪浙闽沿海地区一条重要的走道。这条走道是由明州越天台山到福州的路线，特点是陆行多于舟行，在浙江境内横越甬江、灵江、瓯江，再由温州发向福州。这条通道的状况，在《唐大和上东征传》中，于温州以下明州以上皆略而未谈，只是说到明州至温州之间的一段。实际上，鉴真于第二次东渡失败后，曾由明州去过越州和杭州，并曾于第四次东渡失败后被递送回归时，经由杭州沿江南运河下苏州、常州、润州，而后过江入于新河（在今瓜洲）返抵扬州，说明这条浙闽通道的起点在杭州。此外，鉴真弟子法进等先遣僧俗一行于第四次东渡时，曾由明州沿海而去福州。日僧普照于第五次东渡失败后，于韶州（今广东曲江）辞别鉴真和尚，曾由福州取第四次东渡所走的沿海经路，重新回到明州阿育王寺，可见这条浙闽通道的终点是在福州。

这条浙闽之间的沿海通道，先是"寻山直出州"，后"至台州宁海县白泉寺宿，明日斋后逾山。岭峻途远，日暮夜暗，涧水没膝，飞雪迷眼，诸人泣泪，同受寒苦。明日度岭入唐兴县，日暮至国清寺"。这不像一条通行的官道，而像民间的走道。这条走道的全程为："即由杭州渡钱塘江，舟行至萧山、越州、上虞、余姚，下至甬江，达于明州。再由明州陆行至台州宁海县，逾山度岭，入唐兴县。行至台州临海县,顺灵江而达黄岩。取永嘉郡道,发向温州。出分水关,南下福州。"

这条通道的上半段,即由扬州至杭州至明州的航线,虽然属于内河航线,但在中古世纪是和外海航线有着至为密切关系的一条通道。凡是由明州沿海登陆,或是由明州乘船渡海的日本遣唐使团、学问僧、商人,以及中国和其他国家的人员,大多是走的这条通道。明州成为一个重要的口岸所在,但远不是海上丝绸之路的通商大港,通商的最终目的地是在扬州,通好的最终目的地是在长安。这种情况的产生,在航海技术还处在以近海航行为主的阶段,就成了历史的必然,为什么说唐代扬州是海上丝绸之路北段的终端,道理也就在这里。由此看来,外国商船在福州登陆以后,失去继续航行能力的外国商人,很可能有过沿着浙闽沿海通道北上的事例。例如,日本桓武朝延历二十三年(八〇四年)七月从筑紫出发的遣唐使船第一舶,就曾漂到福州长溪县,第二舶航行到明州。而此次遣唐使归国渡海的地点,仍然放在明州。虽然这是发生在鉴真东渡以后的实例,但有理由相信,早在鉴真一行东渡之前这类事例就已发生过了。不然,鉴真是不会沿着这条走道南下福州的,普照也不会沿着这条走道北上明州、杭州、扬州以至长安的。这条通道的重要性,就在于把海上丝绸之路于东部沿海福州、明州、杭州与扬州之间外海和内陆两条并行的通道相互联结起来,以适合当时的海运需要。因此,鉴真大师和他的僧团以他们的实践,为这条通道留下了具体而又可贵的记录。

鉴真和他的僧团第五次东渡时的经路,是自扬州崇福寺由新河乘舟,经常州界狼山,至越州三塔山,再至暑风山,向顶岸山进发。

中途遇到大风，在海上漂流了十四天，方得靠近海岸，至泊舟浦。又舟行三日，到达振州（今海南三亚），住在别驾冯崇债家里，随后安置在振州大云寺。鉴真和他的僧团自扬子江口到海南岛的这段航程，是海上丝绸之路交趾以东的航程在中国东南沿海一带的航线。这条航线最迟在三国孙吴时期舟船往还已相当频繁，特别是孙吴的军舟更加活跃，这是因为当时孙吴的疆域正处在东南沿海襄鄂与江浙赣及闽粤一带的缘故，但是，如果要作为一条主要用于通商航道的时间，还得推迟到唐代。鉴真及其僧团的这次航行，虽然是东渡日本计划的失败，却是沿着海上丝绸之路广州以东地段的一次航行。广州以东的这段海上丝绸之路，是汉代自广州到已程不国（即今斯里兰卡）航线的东延部分。这段通道的世界记录，是在九世纪由阿拉伯地理学家伊本·胡尔达德比赫（即考尔大贝）写下的。鉴真及其僧团的这次航行发生在八世纪上半叶，比胡尔达德比赫的记录要早一个世纪。由此可见，这次航行在海上通道的航行史上，尤其是对扬州海外交通来说，留下了不容忽视的一页。

鉴真和他的僧团在第五次东渡失败于振州登陆以后的经路，其中后一半路程是沿着中古世纪粤赣通道进行的。鉴真一行由振州发足，次至端州龙兴寺的时候，日本学问僧荣睿"奄然仙化"。鉴真一行由端州太守送到广州，在此住了一个春天，又乘舟七百余里至韶州，日本学问僧普照辞向"岭北去明州阿育王寺"，鉴真一行继由浈昌县（今广东南雄）过大庾岭，至虔州（今江西赣州）。次至吉州，弟子祥彦于船上"端然寂坐"而逝。途经洪州（今江西南昌），发向江州（今江西九江），经过庐山，至九江驿入长江。舟行七日，至江宁县（今江苏南京），入瓦棺寺巡礼，住入栖霞寺。然后下摄山（即栖霞山）渡江，沿着运河故道抵扬子津上岸，宿于既济寺，扬州僧俗迎入城内，还住龙兴寺。鉴真和他的僧团第五次东渡虽然失败了，且付出极大的牺牲，但对扬州和粤赣之间的交通路线作出了可贵的尝试，取得了意外的成功。

这里所说的粤赣通道，系指中古世纪的梅岭之路。这条通道的经路，以广州为起点，以大庾岭为要隘，以洪州为终点，其最大特点是舟行占去了绝大部分路程，只有大庾岭以南一段是非陆行不可的山地，因此，这条通道的关键就在于大庾岭的开凿。凿通大庾岭，就把岭南连接北江的浈水末口与岭北连接赣江的漳水尾闾，以短程驿道衔接起来，从而使东南和中原地区政令的传递、文化交流、商事往来以及和海上丝绸之路广州港口相联系的内陆交通，有了一条便捷通道。这条梅岭之路的开凿，在中国历史上是归功于秘书少监张九龄的。（参见朱江《中古世纪扬州和闽粤之间的交通经路》，一九七九年四月泉州宋代海船科学讨论会论文）因而，梅岭一名来源于张九龄"尝开径，植梅于岭上"一事。张九龄开凿梅岭之路的时间，是在开元十六年（七二八年）至十九年（七三一年）之间，鉴真及其僧团经行梅岭之路的时间，是在天宝九载（七五〇年）下半年与十载上半年（七五一年），两者只相隔了二十余年。除在《唐大和上东征传》中记有这条通道由何处发足、何处舟行、何处陆行，又于何处驻杖而外，尚没有更早的具体记录。因此，鉴真一行梅岭之路的经行，为中古世纪粤赣通道的状况留下极为宝贵的史料。

更为重要的一点，在这条粤赣通道的起点，有一个海上丝绸之路的南方大港广州，在这条通道的终点，有一个内陆通道的中转城市洪州，不仅把内陆货物转输到广州，而且把海外货物转输到襄鄂，以至北上京洛、东下扬州。因此，洪州在中古世纪史上还是大食与波斯等国商胡的集散地与聚居点，不少商胡曾经由此东下扬州。唐代诗人杜甫在《解闷》诗中说道："商胡离别下扬州，忆上西陵故驿楼。为问淮南米贵贱，老夫乘兴欲东游。"西陵驿在今湖北省境内，商胡到达这一带，大多是由粤赣通道上的终点洪州中转而至，扬州更是东下的目的地，杜甫的这首诗就是说明这种情况。这就更加说明鉴真及其僧团这次由广州经洪州到扬州的长途跋涉，乃是海上交通内陆的续航，把中古世纪两大海港广州和扬州联系起来，无论在中西交通史或是在内陆交通史，特别是扬州交通史上，都有着深刻的历史意义。

鉴真和他的僧团第六次东渡的航线，是由扬州龙兴寺出发，由江边乘船至长江南岸的黄泗浦，改乘第十次日本遣唐副使大泮古麻吕的海舶横渡东海，经阿儿奈波岛（即今冲绳岛），发向多弥岛（即今种子岛），至益救岛（即今屋久岛），抵萨摩国阿多郡秋妻屋浦，入筑紫太宰府，经由难波，遂入京城奈良。这条航线，即是中古世纪由中国扬子江口渡海，直航日本九州列岛的南路航线。虽然在此次航行八十五年之后，圆仁和尚一行也是由这条航线西行中国的，但还没有鉴真此次东渡的记录完备。因此，日本以研究日中交通史著名的学者木宫泰彦认为，《唐大和上东征传》中的"这段记载，对于研究第三期遣唐使航路，可以说是贵重的史料"。

综合上述种种情况来看，鉴真和尚及其僧团一行的经路，不仅对中日两国人民的友好往来与文化交流奠定了深厚的基础，而且还为扬州与海外及内陆交通方面的航行，勾勒出一个明了而又具体的轮廓，为后继者提供了实际事例，应当说他们是一群了不起的中古世纪旅行家。

6. 一则东渡的神话

继鉴真东渡日本以后,对于扬州还有哪些具体的人员经由南路海域东渡日本的事例,在文献方面是缺乏记载的,但有一则神话般的传说一直流传不息。据唐人李亢《独异志》记载:"唐武宗末,拆寺之前一年,有淮南词客刘隐之薄游明州,梦中如泛海,见塔东渡海,时见门僧怀信居塔三层,凭阑与隐之言曰:暂送塔过东海,旬日而还。数日,隐之归扬州,即访怀信。信曰:记海上相见时否?隐之了然省记。数夕后,天火焚塔俱尽,白雨如泻。旁有草堂,一无所损。"

栖灵塔建于隋仁寿元年(六〇一年),坐落在扬州大明寺内,是一座巍然矗立的九级浮屠。唐代许多名士公卿曾经游过此塔,诗人李白、高适、蒋涣、陈润、白居易与刘禹锡都有登扬州栖灵塔诗记事。刘禹锡在《同乐天登栖灵寺塔》诗中写道:"步步相携不觉难,九层云外倚阑干。忽然笑语半天上,无限游人举眼看。"

大明寺,是日本学问僧荣睿、普照和玄朗、玄法等人邀请鉴真和尚东渡的地方,也是鉴真及其弟子发愿东渡的地方。寺中的栖灵塔和日本的荣睿、普照、高丽的如海等外国僧侣结过面缘。神话中所说"拆寺之前一年",即会昌四年(八四四年),次年诏天下诸州灭佛,销铜以铸钱,这一年所铸开元通宝,背文有一个"昌"字,就是这次灭佛运动的见证。当时,日本请益僧圆仁等人正在唐朝进修佛学,适巧遇到了这次事件,所以在《入唐求法巡礼行记》里有此记载。圆仁一行是在开成三年(八三八年)经由南路航线首先到达扬州,而后北上五台山及于京洛,亲身经历了武宗灭佛的境况。

这则神话，实际上是想借助佛法东传的历史，特别是日本人频繁西行与鉴真及其僧团东渡日本的事迹、扬州与日本对航等情形为背景，从一个侧面反映出对武宗灭佛的不安情绪。鉴真曾经在大明寺接受东渡邀请时说过一段话："昔闻南岳思禅师迁化之后，托生倭国王子，兴隆佛法，济度众生。又闻日本国长屋王崇敬佛法，造千袈裟，弃施此国大德僧众，其袈裟缘上，绣著四句曰：山川异域，风月同天，寄诸佛子，共结来缘。以此思量，诚是佛法兴隆有缘之国也。"因为，日本是"佛法兴隆有缘之国"，又特别与大明寺有缘，所以，在武宗灭佛之际，产生出大明寺栖灵塔也横渡东海的神话，也有其现实意义，充分说明扬州海港在对日本交通中的重要地位与密切关系。

7. 和西域的交通

扬州作为一个东方大港，不仅有中日两国僧俗的对航，而且还有相当一部分外籍僧俗人等经由扬州东游日本或新罗。早在唐开元二十四年（七三六年）七月，就有林邑僧佛彻、婆罗门僧正菩提仙那和波斯人李密医，随日本第九次遣唐使团的第二舶，由南路海域航向日本。后在天宝十二载（七五三年）十月，又有胡国人宝最、昆仑国人军法力、瞻波国善听等人，跟随鉴真和尚一行由南路海域东渡日本弘法。在这次东游日本的外籍僧俗中，绝大多数是沿着海上丝绸之路到达中国，经由扬州而后东游日本的。特别是其中的波斯人、婆罗门僧、昆仑国和林邑国僧人，他们所在的国家都处在海上丝绸之路的沿线。波斯处在这条通道的西段波斯湾沿岸，婆罗门处在这条通道中段的印度半岛上。婆罗门（梵文 Brahmana）一词，是净行或承习的意译，为古印度的僧侣贵族，居于四大种姓（瓦尔纳）

之首，世世代代以祭祀、诵经（吠陀经）、传教（婆罗门教）等为职业，掌握着全国的神权，并享有种种特权，是古印度社会精神生活的统治者。婆罗门国即婆罗门众之国，是东汉以来对古印度的一种称谓。此处说及的南天竺婆罗门僧正菩提仙那，是于唐代来中国的婆罗门众之国佛教僧侣，而不是信奉婆罗贺摩、毗瑟拿与湿婆等三主神的婆罗门教（即印度教）的教徒。

在唐代，除去婆罗门僧正菩提仙那曾经到过扬州以外，据日本文献记载，在唐代扬州山光寺所在的江阳县临湾坊附近，还有一座梵寺。梵，是梵摩（梵文Brahma）的简称，其意即寂静与清静，婆罗门教用来指不生不灭的、常往的、无差别相的、无所不在的最高境界与天神，并用以称呼与婆罗门教有关的一些事物。后来，佛教相沿使用了这个词语，也用以称呼佛教的一些事物，如把佛教寺庙称作梵寺、梵刹，把佛教徒称作梵僧。坐落在山光寺附近的这座梵寺，就不是一般的中国佛寺，而是婆罗门僧住的梵寺。这种印度佛寺不仅在扬州存在，而且在广州还要多一些。约当唐代之际，不少婆罗门的佛教徒是沿着海上丝绸之路来到广州和扬州的，并于此建立梵寺，应当说是历史的必然。《唐大和上东征传》谈到广州时说，"又有婆罗门寺三所，并梵僧居住"，正是这一情况的证明。

因此，扬州于一九六四年在瓜洲附近，发现了一座埋藏梵僧骨灰的舍利石塔，并于塔内出土一尊灰陶梵僧造像。这尊造像的形制表明，是仿照婆罗门人生前模样塑造的，从整个石塔形制与内容鉴定，是属于唐代佛教文化遗存，从而说明这个婆罗门僧人是在唐代中期来到扬州，而后死葬在这里。他与山光寺附近的那座梵寺，恰恰都是坐落在运河岸旁的婆罗门僧遗迹。这从一个侧面说明，不仅有婆罗门僧经由扬州东游日本，而且更加说明扬州海港在海上丝绸之路上的突出地位。

昆仑国处在这条通道中段的马六甲海峡一带。约当唐代七、八、九世纪之际，以昆仑名国的国家，最为著名的一是掘伦，即昆仑，位于马六甲海峡以南今印尼马鲁古群岛上；二是诃陵，在印尼爪哇岛上；三是大、小昆仑，在马六甲海峡西北今缅甸萨尔温江河口附近。无论哪一个昆仑国，都处在海上丝绸之路最为主要通道的沿岸。不过，《唐大和上东征传》里所说的昆仑国人军法力，是鉴真所率僧团组成人员，他的宗教信仰决定了他是个佛教徒。处在中印半岛上的国家大多以佛教为国教，由此判断，军法力所属的昆仑，很可能就是缅甸萨尔温江河口的古国昆仑。

林邑国，八世纪中叶（唐至德年间）改称环王，九世纪后改称占城，又叫占婆。《唐大和上东征传》里所说的瞻波国，即占婆的汉语音译之一种。实际上，在当时善听与佛彻同属林邑国人，这也是中印半岛上的一个以信仰佛教为主的古代国家，处在海上丝绸之路中段的东端，是海上通道的一个重要港口。

再从婆罗门、昆仑、林邑三国所在的地理位置及其历史来看，早在西汉时期，即是中国楼船出没的海域，也是海上丝绸之路最早的一段。东晋高僧法显就是沿着这条传统的海上丝绸之路，由印度半岛顶端的已程不国（即今斯里兰卡），漂到山东半岛的青州，而后回航到扬州。由此可以看出，即于盛唐时期经由扬州东游日本的林邑僧佛彻与善听、昆仑僧军法力、婆罗门僧正菩提仙那等外籍僧俗人等，大多是沿着中古世纪的海上丝绸之路航行到扬州，入于京洛，而后又经由扬州东游日本。不难从中看出，扬州在中古世纪尤其是唐代，不仅有与日本九州对航的海路，而且确实是把海上丝绸之路的东端港口正式移到此地，成为名副其实的东方大港之一。

8. 和波斯的交通

波斯是坐落在伊朗高原上的古老国家，今名伊朗，在汉代称作安息。三世纪初建立的新波斯帝国萨珊王朝，版图包括今天的伊朗、伊拉克、亚美尼亚、阿富汗和格鲁吉亚大部分领土。从中国河西走廊经中亚到地中海的陆上丝绸之路，以及从中国东南沿海经阿拉伯海到两河流域的海上丝绸之路，都要经过波斯本土，从而促进了波斯工商业和交通事业的发展。

萨珊王朝为了完全控制这两条东西方贸易的通道，曾经连年出兵与邻国交战，弄得财政竭蹶，国内分裂，政变数起，终于在唐贞观十一年（六三七年）被大食打败，首都泰西封被占，国王叶兹底格德逃往中亚地区，萨珊王朝灭亡。但是在中国历史上，仍然把波斯与大食分开来称呼，在《新唐书》里专门列有《波斯传》。波斯人来扬州最早的时期，大概是在盛唐后期，来扬州的途径大多先航海到广州，然后沿着粤赣通道上的梅岭之路到洪州，而后东下扬州，最盛的时间是在中唐时期，来扬州的途径很可能已经直航。

在这段时间里，在地方文献记载中，不仅载有波斯人聚居的波斯庄，而且有波斯人经营的波斯邸。据《逸史》里说："李生知橘子园，人吏隐欺，欠折官钱数万贯，羁縻不得东归，贫甚。偶过扬州阿使桥，逢一人，草屦布衫，视之乃卢生。生昔号二舅……又曰：公所欠官钱多少？曰：二万贯。乃与一柱杖曰：将此于波斯店取钱，可以从此学道，无自枉身陷盐铁也。才晓，前马至，二舅令李生去，送出门。泪归，讶为神仙矣。即以柱杖诣波斯店，波斯见柱杖，惊曰：

此卢二舅柱杖，何以得之？依言付钱，遂得无事。"上述记载，从一个侧面反映出波斯人在扬州经商的史实。这一史实在《旧唐书·田神功传》中载为："上元元年，田神功至扬州，大掠百姓商人资产。郡内比屋发掘略遍，商胡波斯被杀者数千人。"这条记载说明，早在八世纪中期，已有数以千计的波斯人在扬州。

当时活跃在这条海上丝绸之路的海舶，除去唐船以外，还有不知其数的婆罗门船、昆仑船与波斯船，"其船深六七丈"，装载着堆积如山的香药珍宝。唐代扬州乃是东南地区一大香药珍宝市场，又有这么多的波斯人聚居，如果说没有一艘波斯船驶进扬子江口，转输于扬州，那倒是一件不可理喻的事情。《集异记》中，有以下一篇两国人民友好相待的记述，并从中透露出波斯与扬州之间的交通情况：

司徒李勉，开元初作尉浚仪。秩满，沿汴将游广陵。行及睢阳，忽有波斯胡老疾，杖策诣勉曰："异乡子抱恙甚殆，思归江都。知公长者，愿托任荫，皆异不劳而获护焉。"勉哀之，因命登舻，仍给馈粥。胡人极怀惭愧，因曰："我本王贵种也，商贩于此，已逾二十年。家有三子，计必有求吾来者。"不日，舟止泗上，其人疾亟，屏人告勉曰："吾国倾亡传国宝珠，募能获者，世家公相。吾炫其鉴，而贪其位，因是去乡而来寻。近已得之，将归即富贵矣。其珠价当百万，吾惧怀宝越乡，因剖肉而藏焉。不幸遇疾，今将死矣，感公恩义，敬以相奉。"即抽刀决股，珠出而绝。勉遂资其衣衾，瘗于淮上。掩坎之际，因密以珠含之而去。既抵维扬，寓目旗亭。忽与群胡左右依随，因得语言相接。旁有胡雏，质貌肖逝者，勉即询访，果与逝者所叙契会。勉即究问事迹，乃亡胡之子，告瘗其所。胡雏号泣,发墓取而去。

从这篇记述里不难看出,这位出生于王室贵种的"波斯胡老"已经来中国二十年,后在睢阳(即今河南商丘)得病,"思归江都",说明他是由扬州沿着运河北上的,又是沿着这条运河南下的,扬州既是他航海东行的目的地,又是他西行归国的发足地。司徒李勉由汴水入淮河,沿着运河南下扬州,果然在扬州旗亭所在市肆途遇东来扬州寻父的胡雏。这些经过情由,无一不合乎当时的交通状况,也就无一不是证明波斯人经由海上丝绸之路直接航行到扬州的历史。

正由于有波斯船驶来扬州,大批波斯商胡来到扬州,所以,波斯文化在扬州曾经产生过广泛的影响。从近三十年来扬州考古发现来看,事例尚多,例如:

一、波斯萨珊王朝时期,曾经赠送过狮子给中国。汉语中的狮字源自波斯语,并在铜镜制造工艺中有形象化的狮子表现。如扬州出土的一面唐代正方形铜镜上,在镜纽两侧铸有两个腾跃舞动的狮子,充分刻画出狮子暴怒时的形象。这种深入细腻的描绘,必然源于实际生活,如果没有看到过狮子,或是无所借鉴的话,要逼真地表现出狮子的形象,是一件难以想象的事情,这无疑是和大批波斯人来扬州有关的。

二、在唐代流行的一种波罗球(即打马球)体育活动,也是由波斯传来的。这种打马球运动的形象,除了在陕西唐代章怀太子墓室的打马球壁画、新疆吐鲁番唐墓里的打马球彩塑泥俑中有所表现以外,就要数到扬州金湾坝出土的唐代打马球铜镜了。这面铜镜的形状为八角菱花形,正面花纹为四人骑在马上,各执一支头部弯曲的长棍,分成甲乙两组。甲组两骑之间有一个波罗球,两人挥舞着曲棍作欲击球状,乙组两人作抢球状,球已落在右骑长柄曲棍的曲颈之内,左骑作腾跃状。虽属镜面上只有四骑二球,但人各有姿、马各有态,把马球运动的形象刻画得淋漓尽致,这也无疑是和波斯文化传入中国以及有大批波斯人在扬州有关。

除去上述两例以外,波斯人的影响已经深入到扬州人实际生活中。如扬州东郊五台山工地出土的唐光启二年(八八六年)六月卫氏夫人墓志石上,刻有"终于扬州江阳县庆年坊之私第,享年四十有三,育子五人,二男三女。长男曰廷玉,次男曰波斯。长女未笄,次女囗娘,次曰道师,嗟仍幼稚。"一个中国人把自己的儿子名作波斯,如果不是波斯人给予扬州如此宽广而又深入的影响,那么这将是件不可思议的事情。

再者,至今在扬州方言中流传有"波斯献宝"一词,这是专门用来形容那些好献殷勤的人与事的形容词,这个词的词根,源于波斯向唐朝的贡献方物。另在扬州民间至今还有蓄养波斯猫的人家,这是一种观赏猫,有一身洁白或银灰色的长毛,一条蓬松的尾巴,短腿圆脸,两眼浅碧,或一眼金黄一眼碧色,民间称为金银眼,善捕鼠,但不食,喜欢吃新鲜而又煮熟的鱼和肉,不喜欢不新鲜的生鱼和肉类,有相当的记忆力和灵性,繁殖能力较低,有的甚至不育。民间视此为珍品,看来唐代来扬州的波斯人曾经把这种观赏猫引进了扬州。

以上这些情况,都与海上丝绸之路通向扬州有着至为密切的关系。与此同时,波斯人经由这条海上通道,也把从扬州购买到的丝绸与陶瓷以及铜器,运往沿途各国和波斯本土。在波斯本土兴起的铜合金工艺，就是由唐代扬州以铜、锡与铅为合金生产的铜镜工艺流传过去的。在唐代，中国与波斯之间的友好往来与文化交流，扬州曾经起过重要的桥梁作用。

9. 和大食的交通

大食，是唐代对阿拉伯半岛伊斯兰教国家和阿拉伯民族的称谓。约在隋大业六年（六一〇年）前后，出身于没落的古莱西部落商人家族的穆罕默德，于麦加城开始宣传伊斯兰教义，把古莱西部落主神安拉奉为宇宙的唯一神灵，把《古兰经》作为伊斯兰教圣典，穆罕默德则是安拉全能的使者、一切信徒的先知。相信来世和灵魂不灭论，凡是信仰安拉的人、在现世生活中行善的人，来世都进天堂；凡是不信仰安拉的人、在现世生活中行恶的人，来世都得下火狱。

由于穆罕默德贬低了传统部落群神的地位，影响到部落贵族的领导地位和经济利益，从而伊斯兰教徒受到多方迫害。于是穆罕默德及其门徒于西历六二二年七月十六日出走到雅特里布，改名为麦地那（即先知城），于此建立神权国家，并以这一年为回历元年。旋于六三〇年兵临麦加城下，麦加贵族接受了伊斯兰教，并承认穆罕默德的权威，穆罕默德把克尔伯古庙改为礼拜寺，定为伊斯兰教圣地，随后又征服了阿拉伯半岛上的其他国家，建成一个西方国家所称的萨拉森帝国。穆罕默德死后，他的继承人开始向半岛以外的地区扩张，于六三六年进入波斯，在幼发拉底河畔卡迭西亚地方击溃波斯主力，六三七年攻占波斯首都泰西封，六四二年在尼哈温以破竹之势灭掉波斯帝国萨珊王朝。

时至八世纪中叶，大食发展成为一个东起印度河、西临大西洋的横跨亚非欧三大洲的阿拉伯帝国，把中古世纪海上丝绸之路自印度半岛西行的全段，控制在它的权威之下。八世纪以来相当活跃的大食海上船队，来往于中国广州和扬州等港口，以经营香料、珍宝和中国的丝绸陶瓷为业，成为唐朝主要贸易伙伴之一，也是占据扬州国际贸易市场为数较多的商胡之一，中国常常把它与波斯并列。据《旧唐书·邓景山传》记载："田神功至扬州，大掠居人资产，鞭笞、发掘略尽。商胡大食、波斯等商旅死者数千人。"这段记载，即是把大食与波斯并列为商胡的史实，也是大批大食人在扬州的历史记录。

大食等国商胡并不仅仅是经过扬州，而且还定居在扬州，开设有胡店。在宋人编选的《太平广记》中有许多记述，如在四〇二卷"守船者"条写道："苏州华亭具有陆四官庙。元和初，有盐船数十只于庙前，守船者夜中雨过，忽见庙前光明如火，……前视之，乃一珠径寸，光耀夺目。此人得之……至扬州胡店卖之，获数千缗。问胡曰：此何珠也？胡人不告而去。"

由于大食人信奉伊斯兰教，中国通常把他们称作回教徒，即回回。上千年来，在扬州流传着"别宝回子"的种种传说，这些传说的渊源，起始于大食商胡从事珠宝鉴别与贩卖活动。唐开元年间，相传有个叫韦弇的人"东游至广陵，因以其宝集于广陵市。有胡人见而拜曰：此天下奇宝也！虽千万年，人无得者，君何得而有？弇以告之，因问曰：此何宝乎？曰：乃玉清真三宝也。遂以数千万为直而易之。弇由是建甲第，居广陵中为豪士。"后来，有许多中国穆斯林也从事这项珠宝交易，扬州人遂把他们通称作"别宝回子"，至今未改。

10. 阿曼苏哈尔行记

阿曼苏丹国的苏哈尔，面临阿曼湾巴迪那平原西北部，傍依绿山，距首都马斯喀特高速行驶约两小时的地方。由苏哈尔向西，另有一条高速公路直达阿拉伯联合酋长国首都阿布扎比，从而进入波斯湾海域。因此，由苏哈尔至阿布扎比的陆上通道，可以避免绕道阿拉伯半岛北端的霍尔木兹海峡和哈伊马角，大为缩短了由波斯湾西岸到达阿拉伯海北岸的里程。苏哈尔自八世纪以来成为阿拉伯世界"通向中国的大门"，乃是与扬州有着陶瓷贸易关系的国际通商大港。

由马斯喀特驶向苏哈尔时，起先沿高速公路两旁都是重峰叠岭的矮山，而且几乎所有的山皆是童山濯濯。山下的原野皆是戈壁微微，惟见沙漠与砾石而已，但也有一簇簇的骆驼刺与不知其名的针叶草散布在平原上。沿途还可见到其大如树的骆驼刺，常有山羊立起后足，用前足爬在骆驼刺上啃食树叶。阿曼的山羊虽已驯化，但仍属野山羊目，黑、褐和花白色皆有，全身披挂长毛，四肢短矮而灵活。更有一种长角花脸羚羊，在阿曼被视为国宝，此羊虽难以常见，但其栩栩如生的雕塑常常散立在低山矮岭之间，也算是阿曼一绝。

汽车越向苏哈尔驶近，绿色的植被也就越多越广。在路的两侧，不断出现椰枣林、香蕉丛和玉米田，还有一种与中国泉州所见相似的刺桐树，以及一种如同地柏一般长势的蓬松绿色植物，难以知其真名。另在公路傍山一侧，先是一带养牛场，栏养皆为黑白花牛，多为奶牛，后即一带骆驼牧场，骆驼或成群或单个，或卧或立，或仰或俯，或啃草或闲步，情态各一。阿曼的骆驼皆属单峰驼，有的甚至隆其背而不见其峰。由于散养骆驼，成群结队者有之，单独行走者有之，有的其至越出牧场棚栏，在路旁昂首阔步。

当我们来到苏哈尔时，已是上午十点多钟了。沙以德（阿曼民族遗产与文化部官员）陪同我和哈买德步入市政厅大院。在市政厅大门内侧，有两位缠着花头巾、穿着白色长袍的阿曼人坐在长条凳上，好似门卫一般。市政厅内都是一式缠头巾、穿长袍、或佩腰刀或持弯头藤杖的老少人群，间或也有妇女来往，披黑纱者有之，着色彩艳丽服装者亦有之，男人无一不是光脚穿拖鞋，颜色虽以黑色居多，但质量大有差别，形式也有不同。从上述情形看，市政厅好像并不禁止民众出入，仅是不可随意会晤长官而已。沙以德虽以部属处长级官员身份来见，也被一位腰系步枪子弹皮带、手拿弯头手杖的守卫挡在会议室门外，虽一再通报均未被引见，后由守卫领我们到市政厅对面的苏哈尔古城堡。这城堡矗立在阿拉伯海岸边，在背海一面筑有一座门楼，装着两扇刷漆大门，大门两旁各放一尊如同明清时代火炮一般的铁炮，架在轮座上，全部漆黑。仅就此铁炮而言，彼此相距七千多海里的中阿两国火器，何其相似乃尔，是否与郑和七下西洋、二到阿曼的事迹有何渊源？

推开古城堡大门，门堂内有三位身着传统服装的阿曼人守卫。在门堂的墙壁上，依次挂着三支老式来复枪。经市政厅卫士说明情况后，三位守卫和我们一一握手，遂由沙以德领路，步入古城堡内院。院内除四面白墙与转角碉堡之外，矗其东南者即古城新堡，顶周作雉堞状。在迎面的旗杆上，升起一面红白绿三色相间、左上角绘有腰刀交叉图案的阿曼国旗。古城堡的建筑遗迹即在这一院内，已裸露出地面，皆用粗红砖块垒筑而成，其状成直角，为面积不等的方形建筑物。有一建筑组群偏南（A区），另一建筑组群偏北（B区），

A区建筑稍单调，B区建筑较复杂。B区有一长方形建筑，沿其北壁有一狭长的坡道，可知其为古堡的地下部分。另在此处建筑组群之间，又有一个形圆似井的建筑，我以手作汲水状，询之于沙以德，他以首肯回答。垒筑古城堡的粗红扁砖厚度常达十多公分，长度稍大于厚度，宽度又稍小于厚度，所以用此砖垒筑方形固易，垒筑圆形体也无难处。可能就是出于这个缘故，在苏哈尔所见古堡断墙残壁，也大体与此相似。

从许多迹象看来，沙以德对苏哈尔古城堡的文化遗存相当熟悉，从而帮助我们在这一遗址上找到了中国古代瓷器的碎片，并在A区发现了一个陶瓷片与贝壳的堆积层，采集到自九世纪以来的陶瓷片与玻璃器片。经过筛选出来的标本就达三四十片之多，其中有阿曼古代的陶片，有通常所说的波斯绿陶与波斯玻璃器残片，以及中国唐代青花瓷和白瓷残片。特别令人兴奋的是，在这里出土的波斯绿陶与玻璃器残片，恰与扬州古文化遗址出土的波斯绿陶与玻璃器残片，几乎是同时代的产品。因此可以论定，早在九世纪前后，经由苏哈尔的商船，或由此起航的商船，就曾把波斯绿陶与玻璃器运销到了扬州港。如果说，早在八世纪阿曼商船已经能够直接航行到广州，那么，当扬州在唐代一跃而为海上丝绸之路著名港口之时，由苏哈尔港把波斯绿陶与玻璃器运销到扬州，已不是什么神话，已被考古学发现所证实。在这一激动人心的时刻，我已压抑不住内心的兴奋，沙以德似乎也意识到了这一点，我们两人紧紧地握着手，热烈地拥抱。这无言的心声，越过了语言的障碍，正如日本遣明使策彦所说："语虽不通心可通。"

当我带着这许多珍贵的古代陶瓷标本离开这座古城堡的时候，

守卫在这里的二位阿曼朋友已不像来时那样的生疏，已把我们当做朋友看待，无论表情上或是眼神里，都流露出一种和蔼可亲的神情。虽然和他们分手了，但激动的心似乎还留在苏哈尔的古城堡里，珍视着那片凝结有中阿友好往来的历史遗迹。

苏哈尔成为国际贸易商港，是从阿拉伯半岛出现伊斯兰时代开始的，兴盛于阿拔斯王朝。其国际贸易的特点，主要表现为国际商品交易和流通，尤其是在对远东海上交通与商品交易方面格外突出，所以，被阿拉伯世界誉为"通向中国的大门"。那么，在苏哈尔的国际市场上，近东地区的香药、珍宝、玻璃器，南亚地区的调料，远东地区的土特产，特别是中国的丝绸、陶瓷和金属器皿，就成了常见的商品。可是在往事越千年的今天而能保存下来的商品，也只有质地坚固的金属制品和陶瓷器皿了。残破的金属制品还有可能被回收再造，残破的陶瓷碎片却没有这个可能，大多作为垃圾被抛弃，因而成为时代的标本和历史的见证，成为考古学家普遍采用的鉴定古代遗址和文化层次年代的标尺，受到世界各国和各地区历史学家的青睐。

至今在近东地区发现的中国古代陶瓷，遍布于北非的埃及，东非的埃塞俄比亚，红海的也门，阿曼的佐法尔、苏哈尔，波斯湾的巴林、伊朗等国家和地区。但是，在这条由红海到波斯湾的传统国际贸易通道上所发现的中国陶瓷，没有一件是早于盛唐时代的遗物，也就是说，这些发现都是八世纪及其以后的中国陶瓷商品，其中最为常见、时间最早的陶瓷为产于河南的唐三彩、产于河北的白瓷、产于浙江的青瓷、产于湖南的铜官窑（即釉下彩）瓷。

以上述涉及的中国古代陶瓷在近东地区存在的情况，在阿曼的佐法尔、马斯喀特、苏哈尔等地，几乎是完全相同的。我一九九〇年十二月十二日对苏哈尔古城堡遗址的考察，不仅找到这个历史阶段的信息，而且大为丰富了对苏哈尔古代贸易陶瓷内容的认识。在苏哈尔古城堡遗址裸露出来的文化堆积层里，采集到了中国古代釉下彩瓷、青花瓷和白瓷残片，并惊讶地发现与扬州出土的唐代青花瓷器工艺相似的青花瓷片，以及与上述瓷器同一时期的一种白釉红蓝二彩花纹的瓷器碎片。

这两件瓷器碎片都属于器底的残片，而且在烧造工艺方面几乎完全相似。例如：一、青花瓷碗底，表现为高圈足，足残高于五毫米。碗底内外施满釉，釉层匀薄，约厚四分之一毫米，表面呈细微冰裂纹，有多处剥釉。白釉下施蓝彩（因系残片，未能窥出纹样），釉下不加护釉层（即高纯净度高岭土的胎衣）。胚胎为纯净度较高的高岭土制成，但烧结度不高，断面有微小的空腔，并有松散的体积在二分之一毫米以下的微粒脱落，深层局部有少量褐色斑点，大小在一毫米左右。二、白釉红蓝二彩瓷底，表现为矮圈足，足高约一点五毫米。碗底内外施满釉，釉层匀薄，约厚四分之一毫米，表面呈细微冰裂纹。白釉下施红蓝二彩，蓝彩圈形似叶片，红彩残存宽二毫米，长十二毫米，呈长条状，显然不是原形。蓝彩因胚胎表面平整度不高，呈现深浅不一的流釉状态，也有因施彩不均匀而浓淡不一的现象。釉下不加护釉胎衣，胚胎为纯净度较高的高岭土制成，烧结度高于青花瓷片，胚土微泛黄白色。这两件白釉青花瓷与白釉红蓝二彩瓷，显然是两个时期烧造的瓷器。青花瓷的造型（特别是底足）和工艺，与一九八三年在扬州旧城区三元路工程工地出土的唐代青花瓷碗残件基本相似，其胎质与烧结度则与一九七五年扬州西郊扫垢山出土的唐代青花瓷枕残片相近。扬州出土的这两件青花残件（片），前一件是在唐代文化遗址采集到的，后一片是在唐代手工业作坊遗址的文化层里发掘出来的，因有同存伴出的其他文化遗物可以作为年代鉴定的佐证，确定为唐代中晚期的遗物。这一突破性的发现，曾为以后出土的唐代青花瓷器年代考证提供了实际例证，也由此可以推断一九九〇年十二月在苏哈尔古城堡遗址采集到的那件青花瓷片，可能即是九世纪或稍后的中国青花瓷器残片。至于那件白釉红蓝三彩瓷的年代，则稍晚于青花瓷残片，出现了特异的红彩工艺，但是究其整个烧造工艺，尚不及宋代瓷器的标准，而且多彩釉陶与多彩釉瓷烧造工艺几乎是唐代陶瓷特有的现象，既不见于隋代，也不见于宋代。由此来看，这件白釉青花瓷器上出现的红彩，可能是唐三彩陶瓷工艺的另一种反映。

苏哈尔出土的这两件中晚唐至五代时期釉下彩瓷片的年代，绝不是孤立的比较，而是有同时采集到的同时代其他文物即波斯绿陶和波斯玻璃器的残片，可以作为年代鉴定的实物例证，而且这种同存伴出的关系，已在扬州旧城区三元路唐代文化遗址得到证实。

苏哈尔古城堡遗址出土的波斯绿陶共采集到四片，都是波斯绿陶的腹片，除去一片为瓜棱纹以外，其余的平面无纹，绿釉的色调深浅不一，或内外施釉，或内里不施釉。再从胚胎陶土质地看，不是一个窑口的产品。第一片残存体积为45毫米×35毫米×6.5毫米不等，胚胎以黄白色陶土制成，表面压瓜棱纹，胎质较硬，有大量气孔，孔径常达二分之一毫米，器表施以墨绿色釉，深浅不一，厚薄不等，最大厚度达二分之一毫米，釉面自然开裂，呈中等开片状。第二片残存体积为62毫米×25毫米×10毫米不等，胚胎以淡黄色陶土制成，平面无纹，胎质较松，烧结度不高，断面留有大量气孔，最大孔径达二点五毫米，并有微粒残存，器壁内外施釉，表釉呈色浅绿，由于胚胎贴面工艺粗糙，因而釉面呈摺皱颗粒状，器壁内釉呈色淡绿，而无光泽，釉层厚度在三分之一至四分之一毫米不等。第三片残存体积为18毫米×11毫米×6毫米不等，胚胎以黄白色陶土制成，胎质稍硬，平面无纹，贴面工艺粗放，器壁内外施釉，表釉呈色翠绿，里釉呈色隐绿，表釉层厚二分之一毫米，黑釉层厚三分之一毫米，而无光泽。第四片与上述三片无多大差异。

在苏哈尔古城堡遗址出土的波斯绿陶片，与扬州唐代文化遗址出土的波斯绿陶，无论在胎质、釉色、化学成分及烧造工艺等方面，基本上是相同的，或者说是一致的。据《文物》一九八八年第十二期刊载的《扬州出土的古代波斯釉陶研究》一文写道："扬州出土的波斯陶，胎体厚重，质地疏松，胎色多呈淡黄色。内外均施釉，釉色有淡绿、翠绿、墨绿、蓝绿等，釉色不均匀，即使在同一碎片上，其色调有时亦有较大差别。绿釉多数不透明，带乳浊感，且有剥落现象。釉层厚度多数在零点三至零点五毫米之间。由于碎片的透明性较差，釉下刻划的轮廓不如铅釉刻划那样清晰可辨。"

由此可见，扬州出土的波斯绿陶与苏哈尔出土的波斯绿陶片，在胎质上同为碎屑岩类的耐火粘土，在釉料上同为钠钙釉。"这类釉化学组成上的最大特点是氧化钠含量特别高，达6.7%～10.8%，这在中国传统陶瓷釉中从未见过。波斯绿釉中的氧化钠可能来自钠长石。"在陶器分类学上同为硬质陶类，其一次烧结温度常达$1070±20℃～1050±20℃$，但还达不到标准硬陶的烧结度，因此胎质疏松，吸水率高。上述三个方面的特征，构成了古代波斯绿陶固有的标准。

至于波斯绿陶年代的鉴定，又有以下几点标志可循：一、与同存伴出文物的关系，一如扬州唐代文化遗址出土的波斯绿陶，常与长沙窑釉下彩瓷、越窑青瓷、巩县窑白瓷、青花瓷和绿瓷伴出，时代均为唐代中晚期，其下限不会越过五代，即九至十世纪。二如在伊拉克萨马拉地区也曾发现类似的波斯陶和唐代青花瓷共出的现象，这为断定波斯釉陶的时代提供了依据。扬州出土的波斯古陶片年代，当为九世纪左右。二、与同类文物的比较，如英国不列颠文学研究所在伊朗塔黑里考古发掘出土的波斯绿釉联珠纹陶壶，与扬州唐代文化遗址出土的波斯绿釉联珠纹陶片极为相似，英国专家将其年代定为八五〇年前后，相当于大唐大中年间。三、与所在遗址文化堆积层次的关系，如在扬州三元路工程工地采集到的波斯绿陶，既有零散发现，又有集中出土，多数出土于唐代文化遗址的灰坑里，因此得到证明，波斯绿陶至少在唐代中晚期已经流传。

那么，作为阿拉伯"通向中国的大门"的商港苏哈尔，其地理位置既邻近波斯湾，又与波斯商港忽鲁谟斯（即今伊朗阿巴斯港）相邻，而且在历史上还与波斯有着传统的贸易关系，加之在古城堡遗址里同时发现波斯绿陶与唐代青花瓷伴出的现象，足以说明在苏哈尔出土的波斯绿陶当是九世纪前后的文化遗物，并曾由此远销到七千海里外的扬州。

11. 胡尔达德比赫的《道里与诸国志》

由大食沿着海上丝绸之路来到扬州的航线与航程，在九世纪中叶到过扬州的阿拉伯地理学家伊本·胡尔达德比赫所著《道里与诸国志》里，有具体记载，其中航行至中国的一段大致意译如下："自占婆至中国最初之贸易港，为交州。交州是一个大港，有上等的中国铁、瓷器及米。由此往广州，航海需四日，陆行需二十日。广州出产各种果实、野菜及小麦、大麦、米并甘蔗等。由广州航行八日，到达泉州，此地产物亦与广州无大差别。由泉州至扬州，航行需六日，其地产物亦相同。"

胡尔达德比赫的这段文字记载，说明两个问题：一是海上丝绸之路东段的终点是在扬州，二是大食人确已沿着海上丝绸之路直接航行到扬州。胡尔达德比赫在扬子江河口地段所看到的景象如下：

"而此等大河，俱受潮水满干之影响。在扬州之大河处，颇多鹅鸭及其他鸟类。"

这和日本圆仁和尚到达扬州掘港时看到的景象相似，如《行记》卷一中云："唐开成三年七月一日子时，流着大江口南芦原之边……晓潮落不得进……白鹅白鸭，往往多有……水路之侧，有人养水鸟，追进一处，不令外散。一处所养数二千有余。"几乎与《道里与诸国志》所说相同。胡尔达德比赫所处的时代，是在八世纪中叶阿拉伯帝国阿拔斯王朝兴起时期。由于阿拔斯王朝旗帜的颜色崇尚黑色，所以在中国历史上称之为黑衣大食。阿拔斯王朝第二代哈里发曼苏尔于两河流域中心地带营建新的都城，并于七六二年定都于缚达（即今伊拉克首都巴格达）。在最初的一百年间，出现了阿拉伯帝国的繁荣强盛时期，缚达不仅是帝国的政治中枢，而且是工商业的中心、陆上和海上丝绸之路的起止地点，从中亚和北欧运来宝石和毛皮，从印度和南洋运来香料和染料，从中国运来丝绸和陶瓷。胡尔达德比赫就是在这个历史时期，从两河流域沿着海上丝绸之路一直航行到扬子江口，从西域大城缚达到达东方大港扬州。是时，

"扬州富庶甲天下，时人称扬一益二"（宋司马光《资治通鉴·唐纪七十五》卷二五九），成为大食等国商胡向往的国际贸易都会。因此，这部著作就成了扬州与黑衣大食之间海上交通弥足珍贵的信史，并为大批大食商胡在扬州的史实提供了合乎逻辑的证据。

12.伊斯兰教的东传

随着大食人的东来，伊斯兰教文化日益东渐扬州。最早来到扬州的阿拉伯穆斯林，据明代何乔远《闽书·方域志》卷二七记载："门徒有大贤四人，唐武德中来朝，遂传教中国。一贤传教广州，二贤传教扬州，三贤、四贤传教泉州。"

至于二贤传教扬州的遗迹，由于"唐末乱离，群雄据有，数经战焚，故遗基废迹，往往芜没而不可见"。（宋代王观《芍药谱·后论》）可是，扬州考古工作者终于一九八〇年在扬州唐代子城东郊外即今东风砖瓦厂萧家山取土工地A区，发现一座叠压在汉代木椁墓上面的唐代伊斯兰教徒木棺残墓，出土了四件随葬器物，其中有一件青灰色釉绿彩背水瓷扁壶，体积为高十七厘米、宽十三厘米、厚九厘米，形状为直颈、唇口，口径六厘米大小，纹饰为在壶的两侧上下各有两系，中心各一条上下贯通的绿釉彩直线。在壶的正背两面皆有一组绿釉彩花纹，背面为云气纹，正面用绿釉彩书写的一组阿拉伯文字，词意是"大哉真主"。这件背水壶的年代，经考古工作者鉴定，为唐代中期以来伊斯兰教徒的遗物。

扬州出土的这件唐代背水壶在中阿友好往来与文化交流的研究方面，具有重大的历史意义，不仅填补了扬州唐代伊斯兰教文化遗存的空白，而且为伊斯兰教传入扬州提供了极为重要的实物例证，同时还从这件背水壶的胎质和制造工艺等方面看出，是中唐时期长沙铜官瓷窑的产品。伊斯兰教徒背水壶的商品化，还说明它和大批大食伊斯兰教徒来中国以及伊斯兰教在中国东南地区的发展，有着至为密切的关系，也是大食人沿着海上丝绸之路把伊斯兰教文化传来中国、传来扬州的信物。

13. 唐代扬州的市街

在那"八方称辐辏，五达如砥平"的唐代扬州，帆樯如林，灯火烛天，有一个十分繁荣的商业市街。扬州的市肆完全不同于长安的东西二市，长安的东西二市是设在坊里的市肆，而扬州的市肆则是设在十里长街上的商业区。在《唐阙文》中有以下一段记述："扬州，胜地也。每重城向夕，倡楼之上，常有绛纱万数，辉罗耀烈空中。九里三十步街中，珠翠填咽，邈若仙境。"

扬州的这条十里长街，还有一点不同于长安东西二市的地方，就是还有夜市。对于这种夜市情景，唐代诗人王建在《夜看扬州市》诗中写道："夜市千灯照碧空，高楼红袖客纷纷。如今不是时平日，犹自笙歌彻晓闻。"

由于扬州有着如此繁荣的市场，国际国内的商人"自淮南之西，大江之东，南至五岭蜀汉，十一路百州之迁徙贸易之人，往还皆出扬州之下"（《舆地记胜》卷三七），扬州遂成了财货的集散地，并且是"隔海城通舶，连河市响楼"（唐代诗人李洞《送韦太尉自坤维除广陵》诗）般的对外贸易一大商埠，就连盛唐时期杨贵妃使用的奇丽华贵物品，也大多求之于扬州，扬州刺史更是"必求良工，制造奇器异服，以奉贵妃献贺"（《旧唐书·杨贵妃传》）。仅仅是通过海上丝绸之路输入的货物，就犹如山积，例如鉴真和尚东渡时带去日本的胡椒与龙脑产于南洋群岛一带，苏方木与薰陆香产于印度及红海沿岸,其他如毕钵、呵黎勒和阿魏等香药多半产于西域与南洋等地,而此等蕃货又多半购自大食或波斯胡店。

(1) 扬州的药市

其时,扬州有一个兴隆的香药市场。唐代诗僧皎然在《买药送杨山人》诗中写道:"华阴少年何所希,欲饵丹砂化骨飞。江南药少淮南有,暂别胥门上京口。京口斜通江水流,斐回应上青山头。夜惊潮没鸬鹚堰,朝看日出芙蓉楼。摇荡春风乱帆影,片云无数是扬州。扬州喧喧卖药市,浮俗无由识仙子。河间姹女直千金,紫阳夫人服不死。吾于此道复何如,昨朝新得蓬莱书。"

这个"喧喧卖药市",不仅把国内的药物集散于此,而且把海外的香药转输到朝鲜半岛和日本列岛等地。除鉴真带去日本的香药以外,日本曾于唐贞观十六年(六四二年)派多治比安江来中国求香药,乾符四年(八七七年)六月,日本使节经由南路航线,在台州乘唐商崔铎的海船返回日本,带回许多香药和货物。保存在日本正仓院里的六十种药物,据日本学者考证,其中产于华北的有麝香、朴消、蕤核、小草、远志、寒水石、元青、理石、龙骨、白龙骨、龙角、青石脂、赤石脂、钟乳床、肉苁蓉、人参、大黄、甘草、芒硝、石盐、防葵、戎盐、狼毒荂等;产于华中的有青葙草、禹余粮、太一禹余粮、雷丸、厚朴、莞花、猬皮、云母粉等;产于华南的有呵黎勒、桂心、鬼血、槟榔子、巴豆、蔗糖、治葛等;产于土耳其、印度、叙利亚的有黑黄连、龙齿、木香、胡椒、毕钵、呵黎勒等。

虽然这些香药的产地,包括了中国本土及南洋与西域各国,但作为海上丝绸之路东方大港的扬州,"是同东亚和南亚进行贸易的中心",又是一个"江南药少淮南有"的"喧喧卖药市"场。日本正仓院里珍藏的药物，其中绝大部分特别是从西域舶来的香药，是从扬州买去的，或是经由扬州带回日本的。

在大食、波斯等国商胡舶来珍宝与香药的同时，还曾在扬州收购出产在中国本土的珍宝与药物。据《广异记》记载："句容县佐吏，能啖鲙至数十斤，恒食不饱。县令闻其善啖，乃出百斤，吏快食至尽。因觉气闷，久之，吐出一物，状如麻鞋底。县令命洗出，安鲙所，鲙悉成水。累问医人术士，莫能名之。令小吏持往扬州卖之，冀有识者。诫之：若有买者，但高举其价，看至几钱。其人至扬州四五日，有胡求买。初起一千，累增其价至三百贯文。胡辄还之，初无酬酢。人问胡曰：是句容县令家物，君必买之，当相随去。胡因随至句容，县令问：此是何物？胡云：此是销鱼之精，亦能销人腹中块病。人有患者，以一片如背端，绳系之，置病所，其块即销。我本国太子少患此病，父求愈病者，赏之千金。君若见卖，当获大利。令竟卖半与之。"

（2）扬州出土的陶瓷

扬州和东亚与南亚贸易的大宗商品，还是以丝绸陶瓷为主。由于丝绸不易长久保存，在这条丝绸之路沿岸，各国较难留下痕迹，因此，至今在东南亚只有两次发现这个信息："一次是在马兰寺三佛齐碑记中，描述了该寺的丝绸旗帜，另一次是九世纪的苏宇寺石雕墙上，刻有中国丝绸织物。"（澳大利亚魏约翰《东南亚的东方陶瓷贸易》第四节）但这不一定是经由扬州港运去的丝绸。至今保存最多的遗物还要首推瓷器，例如：在日本列岛出土的中国陶瓷器皿，据日本东京国立博物馆馆长谷部乐尔考证，"没有早过八世纪"的遗存。但在唐代输出的陶瓷中，最受人注目又最受人喜爱的，就是盛唐时期在长安和洛阳等地烧造的唐三彩。这种三彩色釉硬陶器皿的坯胎，是以一种不太纯净的高岭土用不太高的温度烧造而成，胎质的烧结度尚达不到标准的瓷器，因而吸水率比较高，常被用作唐朝贵族华丽的随葬品。据今所知，在日本奈良县大安寺遗址出土了两件唐三彩残枕，在御坊上三号墓里出土了一件唐三彩带盖辟雍砚，另在福冈县冲之岛出土了一件唐三彩长颈残瓶，在福冈市出土了一件属于唐三彩类纹釉胎残枕，在冲绳岛出土了七块唐三彩残器片，并在福冈县冲之岛发现了受唐三彩直接影响而生产出来的奈良三彩带盖小罐一件。

至今在东亚、东南亚和西亚一带发现唐三彩的地点还有：朝鲜半岛庆州附近，伊朗高原的剌及斯，埃及开罗附近的福斯特，以及阿曼和印尼等地。

唐三彩虽然产地在洛阳和长安及其附近，除有一部分通过陆上丝绸之路流传到西域各国以外，其中相当一部分是通过扬州经由海上丝绸之路，流传到新罗、日本、东南亚和西亚各国的。二十世纪七十年代，扬州考古工作者陆续在市政府、文化宫、旧城仓巷、盐院旧址、师范学院与扫垢山，以及"七八二工程"工地等处唐代文化遗址里，发现了大批唐三彩器及其残片。器形完整的唐三彩有三彩鱼形壶、三彩三足炉、三彩弦纹碗、三彩六瓣瓜楞凸花碗、三彩盂、三彩小盂、三彩宽沿盘、三彩小碟、三彩高足豆，以及三彩人面埙、三彩黾、三彩小马、三彩胡人骑狮与三彩抱鹤人像等多件。扬州发现的这些唐三彩，有一个突出的特点，就是无论出土于遗址还是墓葬，绝大部分属于实用器皿或是玩具，没有或很少有专门用来殉葬的明器，如在陕西河南唐人墓里经常出土的俑人及马、骆驼等俑和镇墓兽几乎不见，说明这些唐三彩是作为商品运输到扬州销售的。因此，在朝鲜、日本、印尼和埃及发现的唐三彩，也大多是实用器皿。同时，由于从长安和洛阳有一条最为便利的水陆并行的通道直达扬州，而不能直达广州，因而在东洋和海上丝绸之路沿线各地发现的唐三彩，应当是由扬州港集散的，扬州应该是唐三彩最大的出口港。

经由扬州港运销到东洋、南洋和中东的唐代瓷器，最为主要的还有浙江的青瓷、河北的白瓷和湖南的彩釉瓷以及绿瓷，近世纪以来陆续在韩国庆州、日本北九州、马来西亚吉打、印尼中爪哇、菲律宾吕宋以及伊朗等地有所发现。二十世纪七十年代，在扬州发现唐三彩的上述工程工地文化遗址里，同时有大量南方的青瓷、北方的白瓷以及湖南出产的绿瓷与彩釉瓷及其碎片出土，特别是湖南长沙铜官窑烧造的黄釉褐绿彩瓷的出土物，有的在质量上比在长沙窑址中发掘出来的器皿还要优美得多。还有特别突出的一点，即是绿瓷的发现，可以说弥补了中国瓷器史上的空白，而这种绿瓷早在《隋书·何稠传》里就有记载，而且在海外亦有所发现。据苏莱曼在《东南亚出土的中国外销瓷器》中说："瓦利斯在马来亚吉打五、十一、十四等区，发现绿釉窑器，认为是晚唐之物，并以为类似福斯塔特与布拉米纳巴德，以及他在克拉地峡塔瓜巴等地的发掘器。"这种出处不如销处的迹象充分告诉人们，唐代扬州还是中国瓷器最大的市场，又是主要的外销港口。

（3）扬州的手工业作坊

唐代扬州不仅有一个国际药物和外销陶瓷市场，而且还有非常发达的铜器制造手工业作坊与市场。由于铸造技术精良，扬州制造的铜器成为重要的贡品。在《文苑英华·薛鼎代崔大夫进铜灯树表》

里，就提到扬州所造铜灯花树，仅"匠人计料"两项就"用钱四万贯"。一贯千文，四万贯即四千万钱。当时的物价，"两京米斗，不至二十文"，"绢一尺，二百一十文"，造一座铜灯花树开销的工料费，可以买米二十万石，买绢十九万尺，是何等巨大的开销，可见其奇丽精美的程度。并在《朝野佥载》里还提到唐中宗李显"令扬州造方丈铜镜"的事情，这面铜镜"铸铜为桂树，金花银叶"，中宗"每骑马自照，人马并在镜中"。可见这面铜镜之大之精，不仅在中古世纪唐代是一项高难度的铸造技术，即便是在今天，要造这样一面"方丈铜镜"，也不是一件轻而易举的事情，因此，唐代扬州制造的镜器就成了例行的贡品。

据《旧唐书·韦坚传》记载，天宝元年（七四二年）三月，以韦坚为陕郡太守、水陆转运使。韦坚于长安城东九里望春楼下开凿广运潭，"取小斛底船二三百只，置于潭侧，其船皆署牌表之。若广陵郡船，即于伏背上，堆积广陵所出锦、镜、铜器、海味"等贡品，凡数十郡之多，开了一次全国性的物产展览会。陕县尉崔成甫"又作歌词十首，白衣袂胯绿衫，锦半臂，偏袒膊，红罗抹额，于第一船作头号唱之"，所唱《广陵得体歌》云："得体纥那也，纥囊得体耶。潭里船车闹，扬州铜器多。三郎当殿坐，看唱得体歌。"于是"和者妇女一百人，皆鲜服靓妆，齐声接影，鼓笛胡部以应之。余船恰进至楼下，连樯弥亘数里，观者山积。京城百姓多不识驿马船樯竿，人人骇视"。在这个专为唐玄宗举办的物产展览会上，行在前面的第一船即广陵郡船，唱的第一首歌词即"扬州铜器多"这首"得体歌"，可见唐代扬州铜器制造之精，可以说是无与伦比的了。

因为扬州有着繁荣的国际国内市场与繁盛的手工业作坊，一些海外不能解决的问题，都要带到扬州来解决。例如，日本称德朝天平神护二年（七六六年），在丹波国天田郡华浪山发掘出十几斤类似白镴的金属，并献于朝廷。专家百思不得其解，搞不清楚是什么金属。后于光仁朝宝龟八年（七七七年，唐大历十二年），由第十二次遣唐使团准判官羽栗翼把上述金属带到扬州，给街道作坊铸工们鉴定，扬州铸工满不在乎地答道：这是钝隐。所谓钝隐，钝即纯的通假字，隐乃引的讹音字，这个词即古文辞解里的纯引。例如，引在《尔雅·释器》中解释为"锡，谓之引"，在《说文解字》中解释为"音引，锡也"。

由此可见，扬州铸工那种满不在乎的神情，表明唐代扬州铸造工业的高度水平。其实，这种白镴并不是纯锡，而是锡和铅的合金，可以用来焊接金属器皿，因又名锡镴。最近十年来的考古发现，也证明唐代扬州确实有一个兴旺发达的铸造工业。考古工作者二十世纪七十年代中叶在扬州西郊扫垢山一带，找到了广达一万平方米以上的唐代铜器铸造手工业作坊遗址，发现了二十二座炉灶，并在东北角发现两个圆筒形的熔炉，两炉相距二十五厘米。这两个熔炉的炉壁用泥与胶结筑成，底部有两块铺砖，两砖相距八厘米，炉口径二十三厘米，深三十五厘米。外壁的泥土被烧成红色，约厚十厘米，烧土越往底部越薄，在炉壁上有一层约二厘米的结晶物，比较坚硬，上有气泡，炉中有坩埚残片，残片上有铜锈，说明这炉可能是为熔铜使用的。曾在一九七五年第一次考古发掘中，发现过熔铸铜器的坩埚。据《扬州师范学院学报》中说："熔铸坩埚在两处工地均有发现，它们大部分以可耐高温的、较厚的夹砂粗陶和泥质陶制成，呈灰黑色圆筒状或杯状，大的有二十七厘米，小的仅长三厘米，其内壁大多还附有铜绿。同出的有铜矿石、炼渣、铜绿锈块等物。"

上述铸造铜器遗址与遗物的发现，足资证明文献记载的可靠性，从而为扬州生产精良的铜器和铜镜找到了实物例证，同时还从文献资料中见有销售铜器与铜镜的铺子，在《广异记》中就有少女"持钱市镜"的记载，从另一个侧面告诉人们，扬州确有一个销售铜器的市场。

因此，在扬州这个长达十里的市街上，设管埋市场的旗亭，并有许多商胡与蕃客开设胡店与波斯店，除卖香药和珠宝以外，还有新罗商人、日本僧人在扬州市头出卖砂金等货物。唐代扬州除去上面说及的以外，还有一个兴盛的饮食业，据日僧圆仁所见："街店之内，百种饮食，异常珍满。"甚至有些饮食店里还在经营胡饭，这些无一不是体现出国际市场的征象。更何况，扬州尚有新罗译语与勾当日本国使等涉外职事，以及波斯庄与"张老"家的昆仑奴等，又无一不是国际通商大港的象征。难怪唐代诗人李绅要以"夜桥灯火连星汉，水郭帆樯近斗牛"这两句诗来形容扬州的繁华景象。

（4）扬州出土的铜镜

在扬州制造的唐代铜器里，最为精绝不过的还得首推铜镜。扬州唐代铜镜之好，可以说是到了神奇的地步。不仅唐代诗人韦应物写过《感镜》诗，张籍写过"扬州青铜作明镜，暗中持照不见影"的《白头吟》诗，而且还在《异闻录》与《广异记》等说部中，记有神话般的故事。例如《异闻录》记云："唐天宝三载五月十五日，扬州进水心镜一面，纵横九寸，青莹耀目。背有盘龙，长三尺四寸五分，势如生动。"

相传这面铜镜是于五月五日在扬子江心铸造的。在铸造的时候，

"有一老人，自称姓龙名护。有小童相随，龙护呼为玄冥。老人解造真龙，遂令玄冥入炉所，扃闭户牖，不令人到。经三日三夜，门左洞开，失龙护及玄冥所在。镜炉前获素书一纸，文字小隶云：镜龙长三尺四寸五分，法三才，象四气，禀五行也，纵横九寸，类九州分野，镜鼻如明月珠焉。开元皇帝圣通神灵，吾遂降祉，斯镜可以辟百邪，鉴万物。并有一首歌曰：盘龙盘龙，隐于镜中。分野有象，变化无穷。兴云吐雾，行雨生风。上清仙子，来献圣聪"。剔除这面水心镜里的一些神话，不难看出这面铜镜乃是讴歌皇上圣明的贡物，足见唐代扬州铸造的铜镜之好，也就因为如此，扬州的铜镜遂成了商胡与新罗、日本等国臣民向往而又难以得到的稀世之宝。二十世纪七十年代中叶，中国考古学代表团在伊朗考古博物馆里，看到一面极其类似而又稍晚于唐代的波斯铜镜，这不难想到会与受到扬州唐代铜镜的影响有关。此外，还在马来西亚吉打等地发现唐镜，这些又与这条丝绸之路通向扬州有着密切的关联。

扬州唐代铜镜流传在海外，要以日本为最多。日本冲之岛学术调查队曾在位于对马与北九州之间的冲之岛津宫遗址里，发现一面直径达二十二厘米的唐代海马葡萄镜。另在日本出光美术馆里，保存有一面名叫真子飞霜的铜镜，即是由扬州流传到日本的。这种镜子在清代中晚期扬州尚保存有两面，一面藏于阮氏，一面藏于岑氏，阮元收藏的一面上有"真子飞霜"四字铭文。后来这两面镜子流出扬州，但扬州博物馆考古工作人员于一九七三年十一月在扬州西北郊区冯庄田地里，新发现一面唐代真子飞霜镜，继而在南京地区出土一面真子飞霜镜，在扬州宝应县大王庄又出土一面真子飞霜镜。这几面真子飞霜镜中，带有边铭的只有扬州岑氏和日本收藏的。岑氏收藏的镜铭为:"凤凰双镜南金装,阴阳各为配,日月恒相会。白玉芙蓉匣,翠羽琼瑶带。同心人,心相亲,照心照胆保千春。"

从这面镜子的铭文涵义来看,是作为嫁奁用的喜庆镜子,因此又名凤凰双镜。保存在日本那面镜上的铭文、款式、形状和尺寸都和扬州的一模一样,可见唐代扬州制作的铜镜,不仅受到国内都人士女的钟爱,而且漂洋过海流传到日本和东南亚各地,成为中国早在一千多年前和东亚、东南亚及中东地区海上交通的历史见证。

14. 扬州的市舶司与馆驿

中国古代设置的市舶司,其职能和现代的海关设置相近,是掌管检查出入海港的外商船舶、征收关税、收购政府专卖品和管理外商来华贸易的专门机构,主管这一职能机构的官员称作市舶使。最早设置市舶司的时间是在唐代,以后就一直在主要对外贸易港口沿袭未改。扬州设市舶司职能的历史,首见于唐文宗大和八年(八三四年)辑布的上谕:"南海蕃舶,本以慕化而来,固在接以仁恩,使其感悦。如闻比年长吏,多务征求,嗟怨之声,达于殊俗。况朕方宝勤俭,岂爱遐琛。深虑远人未安,率税犹重,思有矜恤,以示绥怀。其岭南、福建及扬州蕃客,宜委节度观察使常加存问。除舶脚、收市、进奉外,任其来往通流,自为交易,不得重加率税。"

再见于南宋宝庆年间的《四明志·叙赋下》"市舶"条所云:"汉扬州、交州之域,东南际海,海外杂国,时候风潮,贾舶交至,唐有市舶使总其征。"而现代史学家范文澜在《中国通史简编》里说:"扬州是南北交通枢纽,江淮盐茶、漕米和轻货,先汇集在这里,然后转运到关中和北方各地。扬州有大食、波斯人居住,多是以买卖珠宝为业。朝廷在广、扬二州特置市舶使,足见扬州也是一个对外贸易的重要商埠。"

唐大和八年在扬州任淮南节度使的是牛僧孺，文宗既"委节度观察使常加存问"，扬州有数以千计的蕃客，节度与观察等使绝不可能亲自存问，就必然要有为节度观察使存问的职事官员。在开成三年（八三八年）日本请益僧圆仁《入唐求法巡礼行记》中，就记有"勾当日本国使王友真"一事。勾当一词在这里有两种涵义，一是办理，二是主管，而且在唐宋两代常被用作职衔的名称。例如《新唐书·第五琦传》中，就有"拜监察御史，勾当江淮租庸使"的记载。因此，此一勾当日本国使，当是淮南节度使属下主管日本事务的官称，王友真亦当是淮南节度使属下职官。关于这两点，在《行记》里有具体记述，如在官称方面，卷一页十"勾当日本国使王友真来官店慰问"，卷一同上页"勾当日本国使王友真共相公使一人，到官店勘录金成随身物"，卷一页十一"开元寺牒将来，送勾当王大使"，卷一页三十一"勾当军将王友真，相随向楚州去，不许"。

从这四条记述来看，勾当日本国使乃是淮南节度使属下主管日本事务的职官，王友真又是节度使属下的军将。节度使领有市舶使，以军将为勾当一国事务大使，这在某种意义来说，是和唐代广州以右威卫中郎将周泽为市舶使属于同一性质，所以，《行记》中直接称呼王友真为"勾当王大使"或简称为"勾当王友真"。这种涉外职事官的身份，从"扬州有牒楚州，并勾当推王友真及日本朝贡使"中得知，地位是相当高的。至于上述第二条提到的相公使，是作为节度使李相公的特使身份，共王大使一道来勘查金成随身物件的，以示郑重。这样的做法，完全符合文宗大和八年上谕里"宜委节度观察使常加存问"的规定。

此外，《行记》所说的勾当日本国使，自有一个办理外国事务的机构，这个机构的名称，圆仁称为所由。这一称谓始见于《行记》卷一页二十所云："十二月二日，本国留后官为令惟正等受戒，更帖相公。虽先帖送所由，而勾当王友真路间失却，仍令更帖。"

从这段帖送所由来看，所由为王大使所在的衙门。这个衙门不仅管对外国事与宗教事务，而且还管对外商业事务。在《行记》里有多处谈到这个所由干涉日本使团一行买卖行为的记事。如在以下所云：卷一页二十八"长官兼从白鸟、清岑、长岑、留学者四人，为买香药下船，等下船到市，为所由勘追"，卷一同上页"大使栗田家继先日为买物，下船往市，所由捉缚州里留著"，卷一同上页"廿二日辰时，发射手身人部贞净于市买物，先日被捉缚州里，今日被放来，又不失物"，卷一同上页"史越智贞原先日往市买物，所由报州请处分"。

从这四条记述来分析，所由确是管理市舶的机构，但不是这个机构的正式名称，一如把节度使称作相公、扬州大都督府称作扬府一样，是一种别称或简称。这种把关税职能称作所由的做法，一直沿袭到清代，扬州设在南门东侧的钞关乃是管理过往关税的机构，人们还习惯地将之称作扬由关，可见扬由即是所由的同类语，所由的职能不仅管买，而且管卖。在《行记》卷一中记有："十四日，砂金大二两于市头，令交易。市头秤定一大两七钱，七钱准当大二分半，价九贯四百文。"这段经过虽未提到所由，但不难从中看到其作用。我们有理由认为，唐代扬州根据朝廷的诏令，已经设置主管外国事务和商事活动的市舶司衙门，这一衙门里不仅有勾当日本国使，还应和楚州、登州相似，设有勾当新罗使、勾当新罗押衙、勾当新罗通事与新罗译语等职事官。更为突出的是，扬州既有数以千计的大食、波斯等南海蕃客频繁来往，定当有勾当这些方面事务的职事官，以办理众多的舶脚、收市与进奉等项事宜。但更为具体的市舶设置，由于史籍的缺漏，设在扬州的市舶使及其机构以及市舶司的遗迹，已缺乏详细而又明确的记述，以致传到今天，只能知其大概而不能得知其详了。

与所由相应的证据，为唐朝发给外国人的旅行签证，即过所。在日本滋贺县圆城寺保存有唐大中九年（八五五年）越州都督府与尚书省发给日本圆珍和尚的过所两件。原文格式如下：

越州都督府

日本国内供奉敕赐紫衣僧圆珍，年肆拾叁，行者丁满，年伍拾，驴两头，并随身经书衣钵等。

上都已来路次检案内类人贰、驴两头，并经书衣钵等，得状。称仁寿三年七月十六日离本国，大中七年九月十日到唐国福州，至八年九月二十日到越州开元寺住听习。今欲略往两京及五台山等巡礼求法，却来此听读，恐所在州、县、镇、铺开津堰寺，不练行由，伏乞给往还过所。勘得开元寺三纲僧长泰等状，同事须给过所者，准给者，此已给讫，幸依勘过。给

大中玖年叁月拾玖日

府叶新

功曹事　　　　史

潼关五月十五日勘入　　丞

另一件为：

尚书省司门

福寿寺僧圆珍，年肆拾叁，行者丁满，年伍拾，并随身衣道具功德等。

韶、广、两浙已来关防主者：上件人贰，今□月□日得万年县申称：今欲归本贯觐省，并往诸道州府巡礼各山祖塔。恐所在关津守捉不练行由，请给过所者，准状勘责，状同此。正准给符到奉行。

主事袁参

令事藏啟惊

都官员外郎判祗

书令史

大中九年拾壹月拾伍日下

蒲关十二月四日勘出　　丞郢

不难从以上事例得知，一个叫做所由，一个叫做过所，正如今天签发护照的是政府机关、检验护照的是海关一样，这两件事恰好是一整套管理外国人员入境旅行的制度。所由与过所的称谓，恰是这一特定历史时期相互印证的关系，足见所由的职能即是唐代的市舶。

唐代扬州除设有勾当外事的市舶司以外，还曾在州城所在的江阳县及扬州属下的海陵县，设置过接待外国来宾的招贤馆，招待往还官客的宜陵馆、广陵馆、平桥馆与水馆。据《行记》卷一记载，开成三年九月二十九日，相公为入京使，于水馆设饯；开成三年十月三日晚头，请益、留学两僧往平桥馆，为大使、判官等入京作别；开成三年十月，日本以佛教三论留学常皎，犹住广陵馆。

至于招贤馆之设，除去扬州设有二馆以外，在其他交通口岸也有。圆仁一行曾于开成四年（八三九年）七月住过登州招贤馆。设在扬州江阳与海陵两县的招贤馆,到了宋代重新划分乡村行政区划的时候,海陵和江都(江阳并入)两县还于其地设置招贤乡,直到明清两代沿袭未改,这些都是唐代扬州设立外事宾馆的遗音和余韵。

三、两宋时期的海外交通

发展到两宋时期,由于雄富冠天下的扬州在唐末"经秦、毕、孙、杨兵火之余,江淮之间,东西千里,扫地尽矣"。加之"迭攻迭守,焚市落,剽民人,兵饥相仍,其地遂空"。北宋时期的扬州虽已"承平百七十年,尚不及唐之什一"。后至南宋时期,国家被割裂为二,南宋偏处一隅,扬州成了宋兵与金兵、元兵交锋的前沿,更是兵火连年,赖以繁荣的国际国内运输和贸易以及手工业和金融市场日益衰落,已经无复唐代的盛况了,但仍不失对内对外交通的重要地位。虽然瓜洲口岸一度移向扬州西沿的真州(即今仪征),但是由真州去汴京(即今开封)的通道依旧要经过扬州运河北上。同时,真州在唐代乃是扬州扬子县属镇,名作宣化镇,又名白沙,只是扬子江津北岸西沿的一个口岸。唐天宝年间,鉴真和尚第五次东渡失败后,由长江南岸的摄山过江,即是沿着白沙至扬子江津的水域而返扬州。无论在历史上还是在习惯上,宋代真州港口实际上仍然是扬州口岸的组成部分,仍然有不少朝鲜人和阿拉伯人沿着海上丝绸之路水道直接航行到扬州,而后沿运河北上,或是溯长江西去襄鄂。

1. 和高丽的交通

统一朝鲜半岛的新罗于九三五年被高丽所灭,朝鲜半岛遂为高丽王朝统一。高丽王修好于宋朝,两国之间时有使节往来。高丽人来中国多由南部海域航行。据北宋末年朱彧《萍洲可谈》中说:"高丽人泛海而至明州,则由二浙溯汴至都下,谓之南路,或至密州,则由京东陆行至京师,谓之东路。二路亭传一新。常由南路,未有由东路者。高丽人便于舟楫,多赍辎重故尔。"

日本学者桑原骘藏在《唐宋贸易港研究》中对这段记述有一个解释:"由朝鲜至密州之航程,比之至中国南方虽近,但以至开封之陆路不便,彼携带辎重行货颇多之使节与商贾,俱以航渡至中国南部,利用运河而往开封,反觉方便。"也就因为此种缘故,高丽人泛海至明州北上京师的道路,必须经由扬州,而后才能到达。这条南路海上航线,早在新罗时期就已被新罗人或日本人采用了。在日僧圆仁《入唐求法巡礼行记》里,有如下记载:"旧例自明州进发之船,吹着新罗境,又从扬子江进发之船,又着新罗。"

所以,时至北宋时期,高丽人沿着南路航行中国的路线未改,不是航行到明州登陆,就是航行到扬州登陆。当时宋朝虽然"国都开封,较之唐代之长安,与山东方面往来为便利。然而与山东最接近的朝鲜使节与商人,犹不顺便至山东,而多由中国南部航行焉"。(桑原骘藏《唐宋贸易港研究》)因而,北宋曾于"元丰七年诏京东、淮南,筑高丽馆"。扬州"高丽馆在南门外,以待其国朝贡之使"。废于南宋建炎年间,后于绍兴三十二年(一一六二年)重建,郡守向子固"遍其门曰南浦,亭曰瞻云,为迎饯之所"。高丽馆遗址在今旧城南门外南池废址所在。清代诗人郭士璟为此写过一首诗:"远陌方停近驿通,去来舟马任西东。亭前老树墙头出,闲送苍烟极浦中。"

还有与北宋时期高丽朝贡使经行扬州有关的一件史事,记载在北宋沈括的《梦溪笔谈》里:"熙宁中,高丽入贡,所经州县,悉索地图,所至皆送。山川道路,形势险要,无不备载。至扬州,牒州取地图。是时,丞相陈秀公守扬,给使者,欲尽见两浙所供图,仿其规模供造。及图至,都聚而焚之,具以事闻。"

虽然这段记事说的是与国家机密有关的大事,但也可以从中看出,高丽人在宋代确实是由南路海上航线的明州,经由浙东浙西与淮南,北上汴京,而后由汴入淮,经扬州,由明州入海归国。这条由朝鲜半岛直对扬子江口航行的海上通道,虽然兴起于唐代,但一直迟至明清,似乎朝鲜日本等国人尽管着陆口岸时有变更,并未放弃这条直航扬子江口的航线。处在南北交通枢纽地位上的扬州,依然是东部沿海的一个门户。

2. 与日本幕府的交通

两宋时期,大致上以北宋和日本幕府藤原氏的全盛时期、南宋和日本武家的兴盛时期相当。早在晚唐时期,日本即已停止派出遣唐使团,大多处于民间商事往还,到了北宋时期,日本实行禁止国人出海的锁国政策,对外贸易趋于衰退。因此,自晚唐至北宋期间,只有中国的商船往来于明州与日本松浦之间,日本僧俗人等来华,大多乘坐中国商船到浙江沿海,或是在扬子江口的苏州地界上岸,然后沿着江南与淮南运河北上。例如,北宋太平兴国八年(九八三年)八月,搭乘宋朝商人徐仁爽、徐仁满等人海船来华的日本奝然和尚一行,是在浙江台州附近靠岸的,于当年十一月到达扬州,安置在地藏院,十二月到达东京(即汴京),进谒太宗,得旨巡礼京中佛寺,又曾到外地朝拜圣迹。又如熙宁五年(一○七二年)三月,搭乘宋朝商人孙忠等人海船来华的成寻和尚一行,是在扬子江口苏州地界上岸,经由扬州北上,在洛阳受到神宗优礼。这条由海入江、由江入淮、由淮入汴的航线,仍然是唐代通道的继续,不过没有唐代兴盛罢了。在北宋一百六十八年中，日本入宋的僧人合计起来不过二十余人，往还于扬州的日本人也大为减少了。到了南宋时期，中日海上交通逐渐频繁起来，仅日本入宋僧人确知其名的达到一百二十余人之多。因为中国北方动乱，先后为金兵元兵所占，因此，他们的足迹大多限于江南地区，很少有人再至扬州。

总观两宋时期，扬州与日本的交通大体上仍然沿着唐代通道航行，虽然浙江沿海的明州取得显著的航海地位，但扬子江口两岸依旧是航海的口岸，即便是扬州东行口岸泰州，也时有日本人漂泊于此。据周辉所撰《清波杂志》记载："倭国一舟漂泊在境上，一行凡三二十人，至郡馆谷之。或询其风俗，所答不可解。旁有译者乃明州人，言其国人遇疾无医药，第裸病人，就水滨杓水，通身洗淋，面四方呼其神，诚祷即愈。妇女悉被发，遇中州人至，择端丽者以荐寝，名度种。他所译，亦不能晓。"

宋代的泰州即唐代的海陵，这一情况，与日本第十五次遣唐使团漂泊到海陵掘港登陆的情形完全相似，只不过是把新罗译语改换成明州人而已。因知，宋代扬子江口沿岸仍然是中日对航的口岸，扬州仍然是日本僧人与商贾优先到达的城市之一，而且是北上的必经之地。尽管随着政治的风云变幻，口岸时有变换，这条南路航线一直下延到明代倭寇犯边前后，似乎断而不绝。不过，从通商大港方面来说，这对于扬州又似乎意义不大了。

3. 和阿拉伯的交通

既然靠近中国北部的朝鲜与一衣带水的日本都取南路来华而北上京师，何况远自南海来华的阿拉伯商人，亦当以航行到扬州然后北上为便，更何况有些南海蕃客来华，其目的是为了经营，扬州控江扼淮，处在南北交通枢纽的地位，自然而然成为经营商业的理想城市。沿着海上丝绸之路来华的阿拉伯人特别是伊斯兰传教士，大多沿着胡尔达德比赫所记的"道程"来扬州。在这许许多多的伊斯兰传教士中，以先知穆罕默德十六世圣裔普哈丁在扬州的事迹最为显著，载在扬州地方史册。据明《嘉靖惟扬志》记载，在扬州"府东太平桥北"的伊斯兰礼拜寺，即是普哈丁于南宋德祐元年（一二七五年）"游方至此创建"，这所礼拜寿即清真寺，相传为仙鹤寺，乃中国东南沿海伊斯兰教四大名寺之一。

A. 扬州最早的清真寺

仙鹤寺坐落在旧城南门街西，据《嘉靖惟扬志》记载，现存的建筑物乃明代"洪武二十三年哈三重建，嘉靖二年，商人马宗道同住持哈铭重修"。寺的大门东向，大门为一间门楼，低檐硬山，门楣上方有补间斗拱五朵，象鼻昂，五铺作，以枋木为斗座，施以雕刻，华丽工整，当是明代手法。门旁一对抱鼓石，雕以植物花纹，左右各异，精细而又平整，亦当是明初遗制。大门在中梁之下，前为栅栏。门内为一院落，有玉带墙横隔，倚墙有古银杏一株，粗逾围合，乃明代所植。东南角落为客厅，由南面门入，东旁有水房，西侧乃宿舍，中以小院隔开。由大门向北转，经由甬道，正对阿訇居止。折向西行，由垂花门而入，即至礼拜殿。殿堂东向，前有一个大院落，殿堂面阔五间，进深三间，大木框架结构。前廊带一架卷棚，上部施草架，皆露明造，后部神龛所在，宽亦五间，惟梢间略小，进深一间。在明间复增二金柱，柱与础之间加一，乃明代手法，南北两侧称作南窑北窑。殿堂以内铺木为地板，宣谕台以楠木构造，其上置八角亭一座，放《古兰经》一部。亭有斗拱，比例较大，制作精细，当是明代遗物。殿堂外观为单檐硬山造，后部则为重檐歇山造，前后二顶，形成勾连搭，因而从侧背两立面看去，结构富于变化。殿堂南山墙外壁为望月亭，亭前置花坛，栽牡丹与芍药，西偏有新屋三间，与堂内南窑并列。这座礼拜寺曾经在清代雍正乾隆两朝时期重新修葺，但未改变旧观。这是扬州遗留至今最早的伊斯兰教清真寺，也是见于地方史乘的宋代阿拉伯人普哈丁建造的寺院，已列入江苏省级重点文物保护单位。近四十年来几经维修，扬州市伊斯兰教协会即设在这里。

B. 传教士普哈丁的墓园

伊斯兰传教士普哈丁，又译作补好丁、巴哈丁。据清光绪三十四年(一九〇八年)所立《先贤历史记略》碑文中云："普哈丁者，天方之贤士，负有德望者也，相传为穆罕默德圣人十六世裔孙，宋咸淳间来扬州。……未几，先贤亦归西域。越三年，复东游全津沽，遂移舟南下，一夜即达广陵。抵岸，舟子呼客起，不应，视之则已归顺矣。时德祐元年七月二十日，事为地方郡守元公所闻，知为异人，乃建墓兹土。"

碑文上所说"兹土"的地望，即《嘉靖惟扬志》记载的"墓在东水关河东"，即今扬州新城东关城外解放桥东岸，俗称回回堂所在的高岗上。这条高岗的西侧，就是北宋以来通江入淮的淮南运河故道，许多朝鲜、日本和阿拉伯人，即是沿着这条河道北上汴京、南入长江、东向出海航行的，可以说是海上丝绸之路与运河航行相连接的一条重要内陆通道。

普哈丁墓园建筑共分两个组成部分，一是位于西面平地上的寺宇，大门在南侧，面西临河，二是在东部高岗上的墓域，大门在北侧，临河西向，门额上嵌"西域先贤普哈丁之墓"刻石。由墓域大门而入，向右首转去，即为清真寺院落。礼拜堂坐西朝东，南首有水房两间，与寺宇大门通连。由墓域大门直东拾级而上，二门上嵌"天方矩矱"四字额。越过二门，左首南向有小轩三间，在明间后尾带一抱厦，此间旧为先贤事迹陈列室。穿过此间有对亭南北相向，北亭门墙的上端两侧绘有阿拉伯文图案，东山墙上端为"得道者普哈丁"，西山墙上端为"普哈丁是枢纽地丁"，北亭内壁东墙上嵌《先贤历史记略》碑刻，碑高一百八十厘米，宽五十六厘米，碑首阴刻一组美术体阿拉伯文，文为"长老之名巴哈丁"（ism al-shaikh bahai al-din）。此处巴哈丁是阿拉伯文普哈丁的中文异译。巴哈一词，在阿拉伯文里即光辉的意思，丁为宗教的意思，连贯起来即是宗教之光辉，译作人名，也就是"长老之名巴哈丁"。与此意义相同的人名，又见于波斯文，但字母的拼写无尾音i字母，读作比哈（biha）。此处乃是普哈丁原名的阿拉伯文写法，因此，普哈丁应当是一位阿拉伯穆斯林的贤哲。

普哈丁的坟墓在北亭之北、法纳的坟墓之后。墓的地面部分为砖石结构，底平面成方形，内面积为 375×375 厘米，通高为三百五十厘米，四壁砖墙，砌至一百六十厘米（转角处为一百一十厘米）高度，开始向内收缩成圆形拱顶建筑，阿拉伯语称之为拱拜尔。拱拜尔的外观，在伊斯兰国家砌作圆形帐幕的形式，在此和中国建筑相结合，砌作四坡形瓦顶，通常称之为墓亭。在墓亭四壁开有四个拱门，墓亭南壁外墙右上方，嵌"西域得道先贤补好丁之墓"碑刻一块，为清雍正四年（一七二六年）所立。在墓亭的中央，上悬一块方匾，以阿拉伯文书写"万物非主，惟有真主，穆罕默德，是主钦差"四句格言。下为普哈丁的墓塔，系用青石构筑，通高为八十八厘米，底座平面成216×88厘米，顶层平面为156×24厘米，逐层收缩成五级矩形塔式，阿拉伯语称作古布勒。每层平面线雕牡丹花纹，立面浮雕缠枝草和如意云纹。惟在第三级塔石上，阳刻阿拉伯文书写的《古兰经》部分章节。在普哈丁亭东北一隅，有一株古老的银杏，粗逾合抱，虬枝披纷，当是南宋遗植。另在南北对亭以东一侧，又有银杏一株，大可围合，亭亭如盖，为明代旧物。从而以老树的年轮佐证先贤墓亭存在的岁月，为今世研究扬州和阿拉伯之间的交往留下了一部可靠的信史。

与普哈丁同时来扬州传教的阿拉伯穆斯林，还有撒敢达和古都伯丁等人。撒敢达于南宋景炎三年（一二七八年）卒于扬州，附葬在回回堂内先贤墓域，晚于普哈丁三年，今其墓已不可确认。古都伯丁的坟墓，也在东关城外运河东岸。据民国《江都县续志·名迹考》云："葬于宋时。旧有石坊碑记。嘉庆间，历次修堤取土，毁坏墓地。裔孙古耀庭呈诉都察院，勒石永禁，今所立石碑，尚存墓西路旁。"

除了以上的记载，在扬州古姓中有一支，原系阿拉伯穆斯林古都伯丁后裔，尚有另一支世居在扬州的哈氏，相传原系西域鲁密国人。鲁密很可能是小亚细亚的一个古国，他们在扬州的后裔，居留已长达千百年之久。这个信息有力地告诉人们，扬州确是一个古代国际通商海港。

四、元朝时期的海外交通

元朝初年是与南宋末年首尾交错的时期，随着元朝任用色目人有增无已的情况发展，大批意大利人、阿拉伯人从陆上和海上丝绸之路来到扬州，为这座文化名城的历史留下了丰富多彩的一页。

1.《马可·波罗行记》

著称于世的旅行家马可·波罗,于元至元八年(一二七一年)随其父尼哥罗、其叔马菲奥,经两河流域、伊朗高原,越帕米尔来到东方,于至元十二年(一二七五年)到达元朝上都(即今内蒙古多伦县西北),得到元世祖忽必烈的信任,派遣他出使国内各处。根据《马可·波罗行记》记载,马可·波罗曾经奉使从河北到山西,过黄河进入关中,然后,越秦岭至四川成都,西行到建昌,并到过藏族地区,还曾渡金沙江到达云南的哈剌牵(即乌蛮),也曾取道运河南下,所以,在《马可·波罗行记》里记载了淮安、宝应、高邮、泰州、扬州、南京、镇江、苏州、杭州、福州和泉州诸城。后于至元二十九年(一二九二年)初,趁冬季信风,从剌桐城(即泉州)出海,经过苏门答腊、斯里兰卡、马拉巴海岸,直接由忽鲁谟斯登陆,以至波斯。后经塔布里兹,到特勒比尊德,又由此坐船到君士坦丁堡,回到意大利威尼斯的家乡。

至于马可·波罗对扬州的记述,如下所云:"从泰州发足,向东(按:应为向西)南骑行一日,终抵扬州。城甚广大,所属二十七城,皆良城也。此扬州城颇强盛,大汗十二男爵之一人驻此城中,所以此城曾被选为十二行省治所之一也。应为君等言者,本书所言之马可·波罗阁下,曾奉大汗命,在此城治理亘三年整。居民是偶像教徒,使用纸币,持工商为活。制造骑尉战士之武装甚多,所以在此城及其附近属地之中,驻有君主之戍兵甚众也。"

所谓"在此城治亘三年",即是曾在江淮行省扬州路任总管三年的事迹,成为世界古今旅行家所瞩目的问题,这在哥伦布探险新大陆航程中所带的《马可·波罗行记》上,留有明显的批注。正如意大利常驻联合国代表皮埃罗·芬奇一九七一年十一月十五日在第二十六届联合国大会上，为欢迎中国代表团致辞中所说："《马可·波罗行记》的迷人故事所造成的印象和所引起的兴趣，促使航海家、传教士和旅行者，纷纷追随他的足迹"，从陆上或是海上来到中国，并去往扬州。

2. 伊利翁尼家族

有个姓伊利翁尼的一家人，曾在马可·波罗离开中国之后的一段时间里，来到中国并居住在扬州。老伊利翁尼名叫多密尼，儿子名叫安东尼，于元至正四年（一三四四年）十一月溘化于扬州，葬在南门城外，女儿名叫喀德林，于至正二年（一三四二年）六月卒于扬州，也葬在南门城外。伊利翁尼兄妹二人都留有用拉丁文老哥特式字体镌刻的墓碑。

喀德林的墓碑残高五十八厘米、宽四十八点八厘米，碑的正面上半为基督教《圣徒列传》中的故事刻画，下半为墓文，周边刻有卷草纹图案，字迹工整，字母高约三厘米，共分五行，在全文的开头和末尾，以十字为起止。除开头第一字和第二字连写而外，其余名字之间以小圆点分开。译文如下："以主的名义，阿门。这里埋葬着的喀德林，为多密尼·伊利翁尼已故的女儿。她卒于主的纪元一千三百四十二年六月。"

喀德林墓碑上的《圣徒列传》故事，是描绘的保护神圣喀德林殉教的事迹。"圣喀德林是公元四世纪时，罗马帝国属下的埃及亚历山大人，是出身名门、有良好教养的贞女，笃信基督教。三〇八至三一三年间，马克西迈那斯·达伊阿为四分领太守，埃及也在他的统治下。当时，他进行残酷的宗教迫害，圣喀德林那时便壮烈牺牲了。""这块墓碑上所刻的是圣喀德林的三段圣述。第一段是她正跪下做祷告。她两侧是那一副施残酷刑时使用的车轮,已由于出现奇迹而破碎。两个执行者卧于地上,一仰一俯,应当是被雷而吓倒或被雷击毙。上空有一对天使,俯首下瞰。第二段是斩首的情况,她跪在地上合十做祷告,刽子手正以右手挥剑砍斩,左手则握着空的剑鞘。第三段为两位天使正将这位殉道者放入坟墓中。碑的右下角有跪坐着的僧侣像,两手捧着象征者的裸婴儿,这象征着教会将死者灵魂奉献给创世主。顶部的图像是中国所发现的最早的马顿那(圣母玛利亚)和婴儿(耶稣)像。这当然也有欧洲(中世纪基督教图像学)的蓝本。"(夏鼐《扬州拉丁文墓碑和广州威尼斯银币》,《考古》一九七九年第六期)

安东尼·伊利翁尼的墓碑通高五十九点七厘米、宽三十七点五厘米,这面墓碑的形制,与喀德林的墓碑相似。碑下半墓志译文如下:"以主的名义,阿门。这里埋葬着的安东尼,为多密尼·伊利翁尼的儿子。他淹化于主的纪元一千三百四十四年十一月。"

墓碑上半部分图像的题材为"末日的审判",描绘的是到了世界的末日,一切已经死去的人都要复活过来,和还活着的人要一同受耶稣的审判,行善的人则升天堂,作恶的人都要下地狱。这块碑上的图像,"正中上端坐着耶稣,头部背部有光环。耶稣的两侧,右边站立的是一位执十字架的使徒,左边站立的是一位手执长矛、臂生双翅的天使。二者都是头部背部有光环,右边的还一手拿着宝珠。画面的下半,两上角有天使各一,双手握一号角,放在嘴上吹号,宣布世界末日已临,要举行审判。下面中间为六人跪于地上,手捧文书。下面右侧为三座坟墓,死者已复活,揭开墓穴的板盖,已坐起来,正要由墓中出来受审。下面左侧有一穿长袍的僧侣,捧一婴儿,朝向左边坐在长凳上的坐像,凳旁有一个屈一膝跪着的小人像。坐像头部背后有光环,一手执仗,当为上帝。末日审判,是欧洲中世纪艺术家所常用的题材。"(夏鼐《扬州拉丁文墓碑和广州威尼斯银币》,《考古》一九七九年第六期)

上述两通墓碑,据中国社会科学院考古研究所所长夏鼐考证:"这是中国境内最早的罗马天主教的碑石之一。"而且喀德林与安东尼兄妹,是属于天主教圣方济各会"这派的信徒",由于"当时来华的圣方济各僧侣多属意大利人",因此,喀德林与安东尼兄妹及其一家,也应当是意大利人。至于伊利翁尼姓氏,据意大利人L.培忒克考证:"从一一六三年起,威尼斯档案文件中,就有伊利翁尼这一家族。一二六四年有个叫彼得罗·伊利翁尼的商人,经商远达塔布利斯(今伊朗境内),他于一二八一年死亡时,他的父亲维塔利,作为他的遗嘱执行人。他的儿子佐凡尼死后,他的家族便绝嗣了。"(L.培忒克《扬州拉丁文墓碑考证》,《考古》一九八三年第七期)威尼斯的伊利翁尼家族所处年代,与扬州的伊利翁尼相近,由此推论多密尼·伊利翁尼一家,可能是意大利威尼斯人。多密尼·伊利翁尼一家恰好在意大利威尼斯旅行家马可·波罗离开中国四五十年以后来到中国,并居住在扬州,可见扬州和威尼斯之间的关系,是多么密切的了。

3.基督教的东渐

喀德林与安东尼的墓碑,反映了十四世纪前半叶基督教在扬州的一些情况。基督教是世界性的三大宗教之一,起始于罗马帝国统治时期的西亚地区。根据一九四七年在死海附近沙漠里发现的古代文献得知，大约在公元前二百年到公元后二百年期间，在犹太下层居民中，曾经流行一种信奉救世主的教派，并在小亚细亚各地散居的犹太人中间出现了宣扬救世主宗教的先知，就直接或间接地从这些秘密教派中最终形成了基督教。在基督教的传说中，把这个宗教的创始者耶稣形容成了神话般的救世主。相传，耶稣是上帝的儿子，为了拯救人类，上帝显示灵验，使玛利亚女子未婚而孕，生下了耶稣。耶稣就在巴勒斯坦传播教义，多次医治病人，驱除恶魔，能使死人复活。耶稣劝一切人要行善，要忍受苦难，死后升入天堂，而一切作恶的富人和剥削者死后堕入地狱。最后，耶稣被罗马总督逮捕，并钉死在十字架上。因此，十字架就成了基督教的标志。

基督教最早的文献为公元一世纪后半期的《约翰启示录》（即《旧约全书》），其中只提到小亚细亚七个城市中的宗教社会情形。关于耶稣的神话，起初只在教徒中口头流传，直到二世纪时才被记录下来，成为《圣经》中的四个福音书（即《新约全书》）。后至三一三年，得到罗马帝国君士坦丁大帝的承认，公布了米兰敕令，又于三二五年召开第一次主教会议，从此基督教徒有了信仰自由，并受到保护，被授予教会接受赠与和遗产、教士免除服役、免缴赋税、主教有权释放奴隶等一系列特权。在君士坦丁大帝临死前，进行了入教洗礼，基督教遂被奉为国教。从此以后，基督教变成了罗马帝国的重要精神支柱，成为统治者奴役人民的重要手段之一，于是基督教的势力逐渐进入世界。发展至十一世纪，基督教分裂为以拉丁语区为主的罗马公教（即天主教）与以希腊语区为主的正教（即东正教）。十六世纪德国人马丁·路德又倡导宗教改革，更由罗马公教分裂成为新旧两派，以英国、瑞士与荷兰等国信奉上帝的长老会与圣公会各派为新教,以法国与意大利等国信奉天主的派别为旧教。

基督教最早传入中国,是在唐贞观九年(六三五年),由乃司脱利安(又译作聂斯脱利)派的叙利亚人阿罗本携带经文传到长安,唐太宗为其建立大秦寺,中国教徒自称为景教。景教徒于唐建中二年(七八一年)在长安建立"大秦景教流行中国碑",用汉文和叙利亚字母两种文字镌刻,共一千八百七十余字,刊刻有六十多个信徒的名字。由于景教在唐朝的信徒大多为贵族和官僚阶层,缺乏民众的信仰,所以在会昌五年(八四五年)武宗灭佛时,就连同佛教一并排斥掉了,因此唐代扬州不见有景教的遗传。继于元朝(十三世纪)上半叶再度传来中国,也称也里可温教。一九五二年夏初,扬州南门龙头关附近出土的喀德林与安东尼的墓碑,揭示了十四世纪天主教在扬州的遗迹,这是目前为止在扬州发现最早的基督教文化遗存,也是来扬州最早的欧洲人珍贵遗物,为扬州海外交通史研究提供了确凿的信息。

4. 也里可温在扬州

至于基督教传入扬州的早期历史,另在《元典章》延祐四年(一三一七年)正月三十日的文书中,有奥剌憨"前来扬州也里可温十字寺降香"的记载,因而提及下列一段话:"彼奥剌憨者,也里可温人,素无文艺,亦无武功,系扬州之豪富,市井之编民。乃父虽有建寺之名,年已久矣。"

也里可温一词属于蒙古语,意即有福缘之人。也里可温教即元代传入中国的基督教,但有两种说法:一说是与唐代传入的景教同属乃司脱利安教派,另一说主要是指乃司脱利安教派,同时兼指天主教的圣方济各会教派。又因当时这两派均有教士来中国传教,所以又统称为十字教，教士即名也里可温。该教随着元朝的灭亡而中断。至于奥剌憨的父亲在扬州建立的也里可温十字寺，究竟属于基督教哪一个教派，一时尚难作出明确的判断，但可以说明，奥剌憨家族早在伊利翁尼家族之前二十余年，即已来到扬州，并已建立教堂传播教义。此外，在鄂多立克于元至治二年（一三二二年）到至顺二年（一三三一年）期间来游扬州时所写的《游记》里，记有扬州小僧级（即圣方济各会）的教堂一所和乃司脱利安教堂三所，说明元代扬州不仅有众多的基督教徒，而且有不少的欧洲教士。

除去上述色目人基督教徒留在扬州的信物以外，近年扬州出土了一件蒙古基督教徒的墓碑。碑刻分为两段，上部为刻画，中刻一个钝角十字，两侧各线雕一个小天使。下部为碑文，右刻汉字，左刻以叙利亚字母拼写的碑文。其汉字如下："岁次丁巳延祐四年三月初九日，三十三岁身，五月十一日明吉，大都忻都妻也里卅八之墓。"

延祐乃元仁宗的第二个年号，四年岁在丁巳，即一三一七年，大都乃元朝首都，即今北京所在，忻都可能是元朝初年凤州经略使蒙古人忻都或其家族。这方蒙古基督教徒墓碑的发现，有着两重意义：一是说明除色目人以外，在蒙古人中也有基督教徒，并传来扬州；二是说明早在伊利翁尼家族廿七年之前，扬州确有也里可温十字寺，比在泉州发现的色目人圣方济各会教徒墓碑的年代还要早十五年，可以说是中国最早的基督教文化遗物。由此可知，除了马可·波罗和伊利翁尼家族为意大利人以外，尚有一些不知名的意大利人来过或居留在元代扬州。

5.阿伯尔肥达笔下的扬州

自八世纪中叶阿拉伯帝国阿拔斯王朝兴起后，直到十五世纪，阿拉伯人的海上贸易一直未衰，中国的广州、泉州、扬州等港口成为阿拉伯人经常往来之地，甚至不少阿拉伯人于此安居乐业，长住不归。十四世纪初叶，阿拉伯人阿伯尔肥达曾于元至治元年（一三二一年）写了一本《地理书》，其中有扬州一段记载如下："扬州，乃王居也。有尝至扬州者云：其城位于温带，有花园，城墙已荒毁，居民饮用井水。距海二日程，较汉莎为小。"

阿伯尔肥达笔下的扬州，是据"尝至扬州者云"，基本上还是符合元代扬州城市状况的。除这位"尝至扬州者"以外，于这段时期来扬州的阿拉伯人和波斯人，在扬州旧城南门外也留下了未曾磨灭的遗迹。一九二四至一九二五年在拆除扬州南门挡军楼城墙时，发现了四通阿拉伯人的墓碑以及一些墓塔的石脊，并于一九九五年末在旧城西门墙址，发现以阿拉伯文书写的碑石残块若干。

6.阿拉伯穆斯林的墓碑

第一通墓碑通高七十五厘米、宽四十九厘米，碑的周边刻有缠枝草纹。正面阴刻汉字楷书两行，文为："徽州路达鲁花赤捏古伯通议之墓。"背面阴刻阿拉伯文十行，译文为："奉至仁至慈的真主之名：人人都要尝死的滋味。先知说：异乡之死，即是殉教。他已抛弃了这个世界，抵达真主的慈恩之下，背离尘世，选择永世。他是尊贵、勤奋、优秀的伊斯兰教育家，扶助孺弱、慈善乐施、穆民的卓越首领，尊敬的大长老。他是大贤大德、慷慨公正、享有鸿福的胡阿吉·巴拉德·布里万利·古斯。愿真主使他的坟墓充满芳香，成为他归宿的乐园。时值七〇九年十二月二日。"

碑上所刻死者的姓名，中文为捏古伯，阿文为胡阿吉·巴拉德·布里万利·古斯，两者似乎不能对译。阿文人名显然是死者的姓和全名，中文人名很可能是蒙古化的译名，这在历史上有许多先例可循。胡阿吉一词源于波斯语，常作尊称，指有学问的人、宗教界长者和富商等，此处为人名。其人死于伊斯兰教历（即回历）七〇九年十二月二日，即元至大三年（一三一〇年五月三日）。

第二通墓碑通高九十七厘米、宽六十七厘米，碑的周边刻有阿拉伯文库法体花纹，内容为《古兰经》的章节。正面阴刻阿拉伯文十二行，译文为："人人都要尝死的滋味。选择善行者的启示，已选择了至上、独一、全能真主的使者——先知穆罕默德。他说：谁死于异乡，即死得壮烈。他又说：异乡之死，即是殉教。他已从尘世转移至永世，选择永恒而非瞬间，宁愿来世而抛弃现世。众所周知，这最终的抉择，既不是另外的，也不是现在的。他已抵达至高无上真主的慈恩之下，祈求真主的恩泽和宽恕，期望真主的恩典和赏赐，恳求获得真主的庇佑和喜悦，宽恕他的罪过，悔悟在宗教上的疏忽。他是尊贵、可敬、慷慨、卓越的高尚完美者，受命布施者，众伊斯兰学者和教士的首领，被赦免的亡故者瞻思丁·拉希夫拉·巴拉吉。愿真主慈悯他，使他定于舒适的乐园之中。时值七二四年六月初。真主啊，求您怜悯这异乡人，使他的坟墓充满芳香。祈祷真主赐福他和他不知名的善良的家属。"

碑的背面阴刻阿拉伯文《古兰经》第一一二章《忠诚》一节的全文，计四行，译文为："奉至仁至慈的真主之名：你说他是真主，是独一的真主，真主是万物所仰赖的。他没有生产，也没有被生产，没有任何一物可以与他匹敌的。"

这通墓碑上说明，瞻思丁其人，姓巴拉吉。巴拉吉原是波斯北部的一个县名，按照穆斯林以出生地名为姓氏的习惯，瞻思丁·拉希夫拉的祖籍很可能是巴拉吉。瞻思丁死于回历七二四年六月初，即元泰定元年（一三二四年）五月二十六日至六月四日之间。

第三通墓碑通高九十七厘米、宽六十四厘米，碑的周边以卷草纹组成，正面阴刻阿拉伯文十七行，有些字迹已漶勒残缺不清，译文如下："对于选择先知的启示，已选定的即是至上真主的使者。他说：谁死于异乡，即死得壮烈。他说：异乡之死，即是殉教。他已从尘世转移至永世，选择永恒而非瞬间，宁愿来世而抛弃现世。这选择既非另外的，也非现世的。他已抵达至高无上真主的慈恩之下，祈求真主赦免他的罪过，悔悟过失，祈望真主的恩泽和宽恕，恳求获得真主的庇佑和善遇，拯救他于罪恶和叛逆之中。他是尊贵、可敬、慷慨、伟大、受尊崇、宽宏大度、品行良好、优秀的宗教家，他才智出众、遵守教俗、大贤大德、功勋卓著、享有崇高的教职位，他是纯洁乐施家族最杰出的继承者，是国家和宗教的骄傲，他是朝觐的首领、慷慨的施主、忠厚的贵族，他是培养伊斯兰学者、扶助孺弱、被宽恕的亡故者阿莱丁。他的坟墓众所周知，愿真主照耀他的阴宅，使之与尘世隔绝。他曾毕生从事培育伊斯兰学者和传教士，他度过了悲惨的青年时代，举目无亲，流落他乡。而后他努力奋发，获得真主的喜悦和满意。祈求宽恕，赦免他吧。原谅他那受判决的灵魂安宁，并保护这地下的坟墓天长日久。你对死者的同情是有限的，在坟墓中他与你是平等的。我们的脊背与墓穴同样宽阔。逝去的哈基祈真主庇佑，异乡人虽已逝去，永恒属于真主。生时他见过你们，墓中他将会见你们。清算异乡人之墓穴，以便真主怜悯他。

这位异乡人、忏悔者、学士、宗教法官，他已抵达至尊的、宽宏的拯救者真主慈恩之下。他的墓碑刻成于七〇二年三月二十三日。"

碑的背面阴刻文字二十行，除第一行与末尾两行为阿拉伯文以外，中间均为波斯文诗歌。其阿拉伯文译文如下："凡是生灵都要死亡。……时值七〇二年三月二十三日。"

正面碑文里的哈基，系波斯语音译，与阿拉伯语的哈只词意相同，指朝觐过麦加的穆斯林，而不是人名。此外，在阿莱丁墓碑上，有一个字母拼写相同而读音不同的阿拉伯文，即"崇高的"一词，又可译作"逊尼派的"，因此"享有崇高的宗教职位"也可译为"享有逊尼派的宗教职位"。所以说，阿莱丁的这段赞词，可以看作在元代扬州伊斯兰教中有逊尼派存在。另从哈只写读成波斯文哈基的种种迹象来看，阿莱丁也很可能是阿拉伯籍波斯人。阿莱丁卒于回历七〇二年三月二十三日，即元大德六年（一三〇二年十一月五日）。

第四通墓碑通高九十七厘米、宽六十四厘米，碑的周边为卷草纹，左下角残缺一角，文字缺损。正面阴刻阿拉伯文十行，其译文为："凡在大地上的，都要毁灭。真主的使者说：异乡之死，即是殉教。我以迷惘者为奇，死亡正向他召唤。他周围宫殿环绕，坟墓是他的归宿。创造始于精液，墓穴是最终训戒。死亡之门，是人人都要跨入的。贞洁、尊贵、善良、忠诚的慈善家，幸运之源阿依莎·哈通，她抛却了尘世，抵达真主的慈恩之下，宁愿永世而丢弃现世。她是亡故的艾密尔·拉敦丁之女，愿至高无上的真主怜悯她，使她定居于舒适的乐园之中。她亡于七二四年十一月□□。"

碑的背面阴刻阿拉伯文六行，其译文为："奉至仁至慈的真主之名：清算之日，无疑将来临。那时候，真主使你们从坟墓中复活，造就你们，并使你们回归，时而使你再现。"

这通墓碑的主人是一位女性，名叫阿依莎，是艾密尔·拉敦丁的女儿。阿依莎一名在历史上曾经有人用过，如艾卜·伯克尔的女儿、先知穆罕默德的妻子就名阿依莎。哈通一词，源于波斯语或突厥语，意为女士，或作夫人的称号，此处阿依莎·哈通只能作阿依莎女士解，因为碑中只提到她的父亲艾密尔，而没有提及她有丈夫。阿依莎死于回历七二四年十一月，即元泰定元年（一三二四年）十月二十日至十一月十九日之间。

与上述墓碑同出的墓塔石脊，是矩形层叠式墓塔的石顶，于一九二七年至一九二九年期间，在扬州南门挡军楼墙基里一共发现四件，说明它们分别是四座元代穆斯林墓塔刻石的残件。由于这些基塔的石顶平面成长方条状，断面呈壶门形，人们俗称为石脊。在这四件墓塔顶石当中，有一件上面刻有阿拉伯文，其译文为："凡是生灵都要死亡，惟有真主永生不死。这是尊贵、可敬的胡阿吉·谢希德丁·拉赫曼的墓，建于七〇八年。"

其下两侧边沿，刻有波斯体阿拉伯文五段，第一段为："伊本·努巴泰说：我们高兴地生活在飞逝的日子里，日子正把我推向毁灭。人们所怕的东西正在迫近，人们所希望的东西却是遥远的。"

第二、三段译文因剥蚀过甚，文字已不能全然辨别。第四段译文为："一位贤者说：你想逃避命运，却不知每个人都在命运的罗网之中，一切都在天上注定。地怎能摆脱天，黑夜怎能摆脱白昼，早晨怎能摆脱夜晚。这位贤者又说：除真主外，一切都虚幻，一切幸福必然消失。"第五段译文为："可叹世人被死亡追捕，但仍执迷不悟，可叹身居宫殿，坟墓环绕四周……死亡之门，人人必入。"

这件墓塔顶石上所刻回历七〇八年，即元至大元年到至大二年（一三〇八年六月二十一日至一三〇九年六月二十日）这段时间。

从这批元代墓碑和墓塔顶石上的刻文来看，计有以下人名：胡阿吉·巴拉德·布里万利·古斯，瞻思丁·拉希夫拉·巴拉吉，阿莱丁，阿依莎·哈通及其亡故的父亲艾密尔·拉敦丁，胡阿吉·谢希德丁·拉赫曼。再从胡阿吉、巴拉吉、哈基、哈通等用阿拉伯文书写的波斯词语而论，在这六个色目人中，几乎都和波斯有着种种牵连。但是，在波斯没有复国之前，波斯和阿拉伯帝国之间的关系是千丝万缕的，波斯既是阿拉伯帝国的臣邦，又带给阿拉伯文化广泛的影响。波斯帝国在萨珊王朝覆灭之前，崇尚的是祆教即拜火教，自从八世纪被阿拉伯帝国灭亡之后，改以伊斯兰教为国教一直到今天。伊斯兰教虽属创自阿拉伯，宗教词语中却有不少波斯语汇。例如，伊斯兰教神职中的阿訇一词即是源自波斯语，在中国又译作阿洪、阿衡等音读，波斯语里的词义原为教师，在通用波斯语的穆斯林中，是对伊斯兰教师的尊称，在中国用作伊斯兰教神职人员的通称。由此可见，使用波斯语的人不一定是波斯人，但是其中以胡阿吉和巴拉吉为姓氏的色目人，有可能是阿拉伯籍波斯人。如果从这个时期特定的历史背景出发，可以把他们统称作阿拉伯人。在这六个色目人中，阿依莎和艾密尔还是一个家族。由此推见，元代应当有更多的阿拉伯人和波斯人在扬州。

7. 无花果的由来

若把马可·波罗、多密尼·伊利翁尼及其儿女喀德林与安东尼、奥剌憨等欧洲也里可温教人，以及胡阿吉·巴拉德·布里万利·古斯等阿拉伯穆斯林联系起来看，在元大德六年（一三〇二年）到至止四年（一三四四年）这四十三年间，有一批数量可观的意大利人、阿拉伯人往来于扬州，有的甚至居留在扬州。他们除了做官、经商和传教以外，还有的在扬州经营种植园。据元初扬州人盛如梓撰写的《庶斋老学丛谈》中说："扬州之西有园，西域人种植，每岁以无花果酿醋供御案。"

无花果属于桑科，是一种落叶灌木或小乔木，全株均能分泌白色乳汁，掌状单叶，三至五裂，大而粗糙，背面被柔毛，雌雄异花，花隐于囊状总花托内，外观只见果而不见花，故名。果实由总花托及其他花器组成，呈扁圆形或卵形，成熟后顶开裂，呈黄白色或紫褐色，肉质柔软，味甜。自夏至秋可陆续收采，原产于西亚地区。从扬州现有的无花果树来看，是十九世纪四十年代鸦片战争以后，随着西方传教士的东移而传来扬州的，因而在基督教会里多种有无花果树，随后在许多居民的庭院里也种下了无花果。盛如梓的记载，把扬州种无花果树的年代上推到了十四世纪前后。元代扬州的无花果树很可能是也里可温人从西亚移植来的。从无花果树的东移来看，和海上丝绸之路的通行无不有着紧密的关系，很难想象是由陆上丝绸之路辗转而到扬州的。

总观元代扬州，仍然不失为东南沿海国际通商大城。元朝一度攻打日本，就曾在扬州建造过战舰，如果扬州没有通江入海的港口，这也是难以想象的。扬州不仅于元代建造过战舰，直至清顺治十七年（一六六〇年）还建造过战舰。由此可知，扬州远自隋唐以来，由于有控江扼淮通于海的水运之便、交通之利，所以相沿至清代，仍然是中国封建王朝造船的基地之一。

五、明朝时期的海外交通

从唐代（七世纪）到明代（十七世纪），在长达数百年的岁月里，往来于扬州的阿拉伯穆斯林络绎不绝。扬州发展到明代，由于扬子江心的马驮沙与江北并岸，长江河口日益东移，扬州已由长江的河口段进入到近口段时期，往日与海外交通的港口地位逐渐被江阴和华亭所替代，但由于仍然处在南北水陆交通的枢纽位置上，尚未完全失去海外交通的地位。据《嘉靖惟扬志·军政志》记载，明洪武二十年（一三八七年）开始海运，"凡江南运舟，派为二道：一由江入海，出直沽口白河，运至通州，谓之海运；二由江入淮，入黄河至扬武县，陆运至卫辉府，由卫河运至蓟州，谓之河运。"这次海运，至明永乐十三年（一四一五年）又行罢去。

由于扬州控江扼淮，无论海运河运都与扬州有紧密关系，因此，在明代扬州卫指挥使有巡海的任务。巡海的时候，"扬州卫官七员、旗军三百三名，通州所官十五员、旗军二百三名，泰州所官员十员、旗军二百三名"，在扬州卫指挥使统率下巡逻海防，海与扬州的关系仍然比较密切，所以，依旧是阿拉伯穆斯林泛海而来中国的目的地，或是必经地之一，留下了许多阿拉伯穆斯林的足迹。

1. 阿拉伯传教士米里哈只的行迹

早在明永乐五年（一四〇七年），有个名叫米里哈只的阿拉伯伊斯兰传教士，拿着永乐皇帝赐给他的敕谕来到扬州。敕谕上说："谕米里哈只：朕惟人能诚心好善者，心能敬天事上，劝率善类，阴翊皇度，故天赐以福享，有无穷之庆。尔米里哈只，马哈麻之教，笃志好善，导引善类，又能敬天事上，益效忠诚，眷兹行，良可嘉尚。今特授尔敕谕护持，所在官员军民一应人等，毋得慢侮欺凌，敢有违朕命慢侮欺凌者，以罪罪之，故谕。永乐五年五月十一日。"

这封敕谕以三种文字书写，全长一百零三厘米、宽七十二厘米，绢本，原先藏在扬州回回堂以妈目（即住持）兰晓扬家里，现时保存在北京民族文化宫。米里哈只其人，曾经于十五世纪初叶拿着这封敕谕，向北走到西安，向南走到泉州，至今在西安和泉州的清真寺里，留有这封敕谕的刻石。不难由此想到，米里哈只教士拿着永乐皇帝给他的这通"护身符"，来往于西安、扬州、泉州这条内陆通道之间，用他的足迹，把陆上丝绸之路和海上丝绸之路连接起来，并通过这条内陆通道把伊斯兰文化传来中国的南北两说连续成一线，起到沟通的作用，为中国伊斯兰文化史的研究提供了重要的信息和文物资料。米里哈只把敕谕原件留在扬州，说明他最终是由扬州离开中国，或是在扬州离开人世的，不然这件具有至高无上权力的"护身符"，是不会轻易丢弃的。从西安和泉州的清真寺也有这封敕谕的刻石来看，我们就能明了这一点。

继米里哈只之后，到扬州来传教的阿拉伯穆斯林中，还有明成化元年（一四六五年）的马哈默德、成化五年（一四六九年）的展马陆丁、弘治十五年（一五〇二年）的法纳等人，并死葬在扬州东关城外运河东岸的回回堂。法纳墓亭的建筑一如普哈丁墓的拱拜尔，在他的古布勒石顶一端，以中文阴刻"西域有道师法纳之墓"，另一端阴刻相应的阿拉伯文一组，在墓塔第一级四边，还以阿拉伯文刻有《古兰经》的章节。在一横头刻有中文"大明弘治拾伍年九月二十一日故，住持哈铭同本教义士兰秀兰季同立"一段，这是扬州继普哈丁墓见诸文字著录的第十一位阿拉伯穆斯林坟墓。由于陆上丝绸之路及至明代一直难以通行，许多阿拉伯人大多由海上丝绸之路来中国。自元代开始，国都虽已移往北京，但有一条由北京通向杭州的大运河，仍要经由扬州南下或北上，因此扬州江口依然是泛海而来中国的阿拉伯人理想的港埠，扬州也就依然是米里哈只以至法纳等阿拉伯人的目的地。

2.犹太人在扬州的踪迹

犹太人到扬州的时间，不会晚于阿拉伯人。由于是灭国的臣民，在早期交通史上没有留下多少遗存，但到了明代，恰在扬州等地留下了一些可资探索的踪迹。

在普哈丁墓域东南隅，有明代回回昭勇将军张公的墓地，前有神道石坊，坊额上题"昭勇将军张公神道"，在其首尾有两行题刻，起首一行刻"嘉靖辛亥叁月"，即嘉靖三十年（一五五一年）三月，距今四百三十二年，末尾一行刻"昭毅将军、参将、不孝孙恒立"。据考，张将军名炘，名为伊斯兰教人，乃"札木赤之孙，官武骑都尉，因善射，赐姓张，抬入扬州卫籍"。（民国《江都县志·金石考》卷十五）而似犹太人世居扬州。至于札木赤其人，已不可知其籍贯，但绝非汉人，也非蒙古人，可能是位隐遁于穆斯林的"青帽回回"，即犹太人，当是西亚地区的移民。在元人《老胡卖药歌》中，有个叫扎木丁的人，当与札木赤是同音异译的姓氏。

除了张将军为西亚移民以外，在明代尚有已经汉化了的犹太人在扬州。据河南开封《尊崇道经寺记》载曰："大明正德七年壬申孟秋甲子重建寺，俺、李、高、维扬金溥，请道经一部，立二门一座。"开封的尊崇道经寺，是一座"开封犹太人在扬州、宁夏等地犹太人的支援下，先后六次修建或重建"的礼拜寺。这在开封属于挑筋教，在扬州称作一赐乐业教，它们共同的特性，是犹太人在灭国之后隐入伊斯兰教的一种形式，由于在礼拜时通常戴一顶蓝色平顶软盔帽，不同于戴白色平顶软盔帽的穆斯林，因此，在中国历史上称作"蓝帽回回"或"青帽回回"，亦有戴"黑帽的回回"。在《尊崇道经寺记》里提到的维扬金溥，就是汉化了的扬州"蓝帽回回"，也即是汉化了的扬州犹太人。

开封的犹太人，据潘光旦先生考证："是在公元第二世纪的七十年代（即中国西晋武帝司马炎泰始六年至咸宁五年）离开犹太本土，进入印度的孟买区域。他们在此区域定居了一千一百多年以后，在公元第十一世纪的中叶或后叶（即中国北宋仁宗赵祯皇祐至哲宗赵煦元符年间），又循海道向东推进，到达中国，定居在开封。"（《中国社会科学》一九八二年第三期）到达中国的犹太人，除一部分集中在河南开封外，其余的分布在各地十几个城市，其中以扬州为最多。十一世纪正当北宋王朝中期，当时的扬州仍然是海上丝绸之路连接汴水的重要港口，所以，犹太人从孟买迁徙到开封，扬州的航线自然成为他们最为适宜不过的要道，也自然而然成为他们理想的居留地。但是，由于战火频仍，几经洗劫，加上犹太人的汉化，以至流传下来的遗迹已经很渺茫了。

可是，在扬州的穆斯林当中有一种复杂的现象，值得我们给予足够的重视，即不见有什么明显的教派，又确有"蓝帽回回"，但有不少姓金的穆斯林已不知其远祖为何许人了。明正德七年（一五一二年）开封《尊崇道经寺记》上有关维扬金溥的记事，应当说是扬州犹太人留下来的一条最为具体可靠的碑刻资料。与此同时，为开封《尊崇道经寺记》撰文的人，乃"赐进士出身、朝散大夫、四川布政司右参议江都左唐"。在《嘉靖惟扬志·人物志》中列有左唐其人："左唐，字克卿，江都人，进士。"左、金、张三姓，乃犹太人来中国后改易的十七个汉人姓氏中的三姓。左唐在其所撰《尊崇道经寺记》碑文之末，有"刻石于寺，垂示永久，咸知所自，俾我后人，其慎念之哉"数语，可知其为犹太人无疑。因此，为今天研究扬州犹太人提供了极其重要的踪迹。

3. 道彝和尚奉使日本

扬州天宁寺起始于东晋义熙年间尼泊尔高僧佛驮跋陀罗译经的谢司空别墅，乃是扬州历代高僧弘法的华严道场。后在明洪武十五年（一三八二年）开设僧纲司时，即以天宁寺高僧道彝和尚出任都纲，并于永乐年间奉使日本。他的事迹，载在《嘉靖惟扬志》里："道彝，字天论，扬州天宁寺僧。戒行精专，博通内典，与明初少师姚广孝相友善。永乐中，奉使日本，卒于其国。临终作偈曰：来不为多，去不为少。六十六年，一了便了。"

都纲道彝是扬州继鉴真和尚之后，又一位见于记载的东渡高僧。鉴真的东渡虽然比道彝要早六百六十余年，但道彝是以国使的身份而去日本的，这在中国佛教徒中可谓第一人。他奉使日本的事迹，距今亦已长达五百五十余年了。

4. 日本的遣明使节

中国的明代与日本的室町幕府时期相当。十四世纪下半叶，明朝建立后不久，曾经派遣使节到日本通好，因为日本流行佛教，所以派了两位高僧前往，并以在中国留学的日本僧人担任通事。道彝和尚就是在这一历史背景下奉使日本的。由于日本禅宗的和尚通晓汉语，了解中国的情况，所以，日本派往中国朝贡的正副使节以及其他一些负责的职务，往往由僧人来担任。日本著名画僧雪舟曾于日本后土御门朝应仁二年（一四六八年，明成化四年）春天，随着以使臣天舆清为首的遣明船陪贡来到中国，起先驻留在浙江宁波天童寺，后曾经由扬州溯运河到达北京，为礼部画过壁画。日本著名高僧策彦曾于明嘉靖十八年（一五三九年）以副使、嘉靖二十九年（一五五〇年）以正使的身份，两次来中国，先到市舶司所在的明州，沿着水路经由扬州北上京师，而后再次经由扬州从宁波归国，途经扬州达四次之多。策彦将他两次来中国的见闻，用汉语写下了《初渡集》与《再渡集》。

　　日本派遣以僧人为使节来中国的事迹，是在扬州道彝和尚东使日本之后，这是受到明朝派遣高僧通好做法的影响。扬州天宁寺从创建时起，就是一所禅宗寺院，故而名作天宁禅寺，道彝和尚又是禅宗高僧，担任僧纲司都纲，他出使并圆寂于日本，无可疑问，对于日本朝野的影响定然深远。他的业迹，和日僧雪舟、策彦同样，为促进中日两国世代友好作出过杰出的贡献。再从中日两国高僧往还的经路来看，日本来中国，以及中国去日本，仍然是循着扬子江口这条海上南路航线对航。再者，明代郑和太监七下西洋，每次都是由扬子江口的苏州浏河入海航行的。由此可以看出，阿拉伯人、波斯人与犹太人来中国到扬州的航线，也必然是沿着这条通道往返的，要说此中的变化，即是着陆的地点要经由设有市舶司的明州合验，然后才能航行于扬州，并经由扬州北上南下或是西行。

　　道彝和尚于永乐年间东使日本，是与郑和太监于永乐年间通使西洋属于同一性质。一个是佛教高僧，一个是伊斯兰教穆斯林，其实两者都是明成祖总体外交的两个不同侧面。由于郑和业迹显赫，以至于史不绝书,又由于道彝往而未归,以至于销声匿迹,著录寥寥,但道彝奉使的业迹还是客观存在,以至于我们今天还在书之于史。

5. 陆伯瞻两使朝鲜

自唐代以来的地方文献记载中,每言及扬州与朝鲜半岛的交通及其往来,大多是有来无往,但在《兴化县志·列传》中留下了明人陆容出使朝鲜的事迹,因此,在扬州府兴化县的牌楼额上,题有"辽城汉节"四字,即是为此而书题的。据《兴化县志》卷八记载:"陆容,字伯瞻,谦仲子。洪武中,由明经辟举任礼部主事,两使朝鲜,得专对体。永乐中,赐袭衣白金,奉敕建湘献王碑,纂修太祖实录。屡献诗文书画,帝以三绝称之,转户部郎中,分治水利,董江淮,名誉赫然,祀乡贤祠。"

陆容奉使朝鲜事迹,在《兴化县志》卷九有录。其中有朝鲜李氏王朝简王李植《赠礼部主事陆伯瞻还朝》七律一首,其诗序云:"陆主事奉上命,为先兄湘献王建祠立碑,遄克成美。今将复命还京,求予言子。知卿情学多才,为当今之能人。予无以题卿者,漫成一律以赠。"其律诗云:"昔驰使节出神州,襄事劳卿广运筹。一代文章书伟绩,千年庙貌视灵邱。桃花水长涨新浪,柳絮风轻送去舟。回首吴云天度尺,口职玉笥拜宸流。"

诗中所云"回首吴云天度尺"句,正是明朝都于金陵(即今南京)之谓。其时中朝两国通航仍沿唐宋以来的航道,由朝鲜半岛直航扬子江口,故明人于谦《怀陆主事》诗有"醉和紫箫游赤壁,梦骑黄鹤上扬州"句,其事除有简王李植赠诗可考以外,尚有朝鲜遣明使河仑《赠别天使陆礼部》五言长诗可证:

高皇建有极,声教暨八荒。

雷厉逐异类，正统接皇王。
衣冠复华夏，礼乐遵虞唐。
昧爽日听断，至诚亲蒸尝。
垂统正家法，光岳腾祯祥。
维帝善继述，文德敷万方。
宽仁斥苛察，任用皆忠良。
赈穷恤惸独，减租免流亡。
纳民人和域，嗥嗥歌时康。
日月之所照，靡不争梯航。
吾邦古箕封，遗俗重纲常。
所以谨事大，世守东海旁。
况我今权国，夙为民所望。
孝友出天性，移忠向帝乡。
黾勉述所职，益虔无敢遑。
兹蒙诏命降，筐篚分天章。
协时颁夏正，万象含春阳。
君臣共感激，欢呼动穹苍。
老羸及幼稚，踊跃填康庄。
翩翩陆礼部，文彩如琳琅。
出言必忠信，动作安且祥。
念昔充贱介，万里时明堂。
稽颡赤墀下，仰瞻肃穆光。
赐食上西阁，锡以罗绮香。
宠荣过涯分，寸心安可量。

归来夸国人，永矢不敢忘。
昨闻使节至，喜气倍洋洋。
乃缘病缠绵，未即获趋跄。
今闻欲言旋，愧叹萦中肠。
敢辞熏且□，强起一相将。
幸遂识荆愿，谈论何汪汪。
学问有渊源，笔力凌苏黄。
相见已怅晚，况复如参商。
辽海山水稠，齐鲁道路长。
咨□有所得，不啻诗盈囊。
珍重慎跋涉，好去相乾刚。
永观四海清，景祚垂无疆。

两国使节的往还，使一度黯然神伤的中朝关系史，在明代二百七十六年的历史阶段重现光彩。明万历年间，"日本丰臣秀吉大举侵朝，覆其八道，明为用兵七年，会秀吉死兵罢，朝鲜乃复国"，所以"事明甚谨"。故此，朝鲜国王李珲于明万历四十七年（一六一九年）"遣其将姜宏立率师助明"，攻打努尔哈赤于"富察之野"。李氏王朝与明朝友好往来的关系，以致在后代修《清史》时尚被收入，因之，时在三百年后清代乾隆之世的郑板桥，应"公之裔孙元礼嘱"，尚题颂于《陆公伯瞻出使高丽，赠送诗文卷子》之后。由此观之，郑板桥以长诗赞颂前朝陆公奉使朝鲜一事充分说明，在中朝交通及往来史上，不仅因扬州滨江控淮，有地理之利，而且自古即是对外交通的通商大港、南北交通枢纽，所以，熟悉海外情况，尤善诗礼文章，有人才之聚。扬州与朝鲜半岛一千余年的交通及其友好往来的历史，就足以说明这一点。

六、清朝时期的海外交通

当中国历史进入清代，由于清政府采取消极保守的闭关锁国政策，从而使海外交通事业处于基本停顿的状态，加之世界上许多地区被西方殖民主义者占领和奴役，海上丝绸之路几乎有名无实。因此，扬州对海外的交通，在鸦片战争之前，即便是与日本的交通和人员往来，也几乎处于被隔绝的状态。加之当时日本的德川幕府也采取锁国政策，这种隔绝状态就更加严重了。据《清文献通考·四裔门》记载："日本，古倭国……顺治以后，惟通市，不入贡。其市亦惟中国商船往，无倭船来也。"

所谓"惟中国商船往"，即安徽、江西、江苏、浙江四省，只不过是"设官额船十六只，皆以内地绸缎、丝、棉、糖、药往易，……每年额四百四十三万余斤"，而且"必藉倭照以为凭验"，不然谓之"偷海"，是要从重办罪的。但是，当时的海外交通惟有一国例外，即是琉球。

1. 琉球国使的经路

清朝建立不久，琉球仍循着传统的海上南路航线时通聘问，使节不绝于途。琉球和中国的通好，始于明洪武五年（一三七二年），明太祖派遣掌管出使外国的行人司行人杨载，带着诏书出使琉球，把即皇帝位和改号大明、建元洪武的事情通知琉球。琉球国王察度随即派遣王弟泰期到应天府（即今南京）称贺和贡献方物，明朝册封其王为中山王。自此而后，直至清代末叶几乎岁岁来朝、年年入贡，甚至一年数贡。清光绪五年（一八七九年），日本发兵至琉球，掳其王以归，并入日本版图，改其地为冲绳县，中国与琉球之间的交通遂绝。

琉球朝贡使来中国，大多渡海至福州，然后由闽江西行，沿建溪北上，过仙霞岭，上溯乌溪江，达于衢州，再由衢江北上，经过兰江、桐江、富春江到达杭州，再沿着江南运河西行，经苏州、常州、镇江，越过长江北上，由扬州沿着大运河直抵北京。朝贡完毕，仍由原道而返，经扬州取道仙霞岭抵福州，浮海归国。因此，有一些琉球使节因病卒葬于福州，或是病死在杭州。清康熙年间，有一位名叫郑文英的琉球国使，在回归途中卒葬于淮南运河末口的淮阴王营地方，至今立有碑记。由此可见，在明清两代的六百年间，已不知有多少琉球国人与朝贡使途经扬州南来北往，这在扬州海外交通史的后半期上，占有相当重要的一页。

2. 汪舟次奉使琉球

扬州在中国与琉球交通史上，不仅是往来的必经之路，而且在清代还出过一名出色的出使琉球的使节，这就是清代外交史上著名的汪舟次。

汪舟次的生平事迹，载在雍正以来的《扬州府志》与《江都县志》，复见于《扬州画舫录》、《国朝画家笔录》和《广陵诗事》以及《壮陶阁书画录》多种文籍。据《府志》记载："汪楫，字舟次，先世由休宁迁入江都，官赣榆教谕。康熙十八年举博学鸿词，授检讨之官，与修《明史》。旋充册封琉球正使，为其国撰孔子庙碑，默识尚氏世次，撰《中山沿革志》。频行，例有馈赠，楫概却不受，国人建却金亭志之。出知河南府，置学田于嵩阳书院，聘詹事耿介主其事。累擢福建按察使、布政使，内升京卿，途次得疾，卒于家，祀乡贤。"

汪舟次其人，"索故奇编，麋聚而读之。四方客至，非着声实，而近文章者，则闭户不出","年弱冠时，即善笑骂今一切为诗文者"，"后因东淘吴野人与之定交，舟次故恂恂善下人"。汪楫为文"笔锋利，如干将莫邪新出于冶，光芒不可逼视"，后"变其利者而为钝，则益不可测识"。在他奉使琉球期间，曾"为其国书殿榜，丛笔为擘窠大字，王惊以为神，著《琉球奉使录》"传世。"琉球国王贵戚子弟，皆傅脂粉，锦衣玉貌，能歌。以敬天使故移樽度曲。"（阮元《广陵诗事》卷三）汪舟次有长诗咏云：

一行金㖇响凉琚，公子群过水竹居。
丱发也须千万值，绮年多是十三余。
将离更唱红兰曲，相忆应看青李书。
鹦鹉香醪斟酌遍，不知凉月透交疏。
那霸清江接海门，每随残照望中原。
东风未与归舟便，北里空销旅客魂。
尽夜华灯舞鹤鸰，三秋荒岛狎鲸鲵。
他时若话悲欢事，衣上涛痕并酒痕。

琉球在今日本九州岛与中国台湾岛之间，从东北向西南数，包括大隅、吐噶喇、奄美、冲绳和先岛五组群岛，前三组即萨南诸岛，通常亦称琉球群岛。这五组群岛又称南西群岛，面积约四千六百平方公里，人口一百一十万。岛上多属低矮山地，最高在大隅群岛屋久岛的宫之浦岳，海拔为一千九百余米。二战后被美国占领，一九五三年美国将萨南诸岛归还日本，属鹿儿岛县，一九七二年又将冲绳和先岛群岛归还，仍属冲绳县，其主要城市有那霸和名濑等。

汪楫诗中所咏"那霸清江接海门，每随残照望中原"句，即是写的旅居琉球国都那霸时的景象和心情。汪楫归国画过《乘风破浪

《图》手卷。康熙二十三年（一六八四年）秋九月，王士禛曾经在图卷上题诗四首，诗中有"海外真看大九州，青天一发是琉球"以及"正是水犀酣战日，楼船十道下澎湖"，与"人间有此奇观否，万里沧溟万斛舟"及"青史他年诧奇事，天风三日到中山"等句，描写了舟下琉球的航程及其风光。但要以朱彝尊题《题汪检讨乘风破浪图》长诗为最，不仅记叙了汪楫奉使琉球的整个过程，而其诗情画意也最为动人心魄。诗云：

汪君才地何峥嵘，直与东马严徐并。
一朝御命使绝域，濒行封事上九阍。
乞降御笔示海外，永使荒服输其诚。
金曰不可帝曰可，浓墨大字摇光晶。
天子临轩赐颜色，容台谏院那得争。
琅函锦题国门出，车前驺唱扬三旌。
麒麟之袍绣织成，青丝络马双鞶缨。
被以重罽红猩猩，南浮江淮达闽越。
长风五月沙雨晴，天妃庙前酾酒行。
舵楼语笑潮已生，梅花洋东天水黑。
但见日月星辰明，一夫危樯赤脚撑。
捷如山水腾鼯鼪，百夫仰望目尽瞠。
峭帆风饱弓在檠，又如张翼鸷鸟征。
有时吟啸讶瓶笙，千人同舟一心力。
不比吴越交相倾，巨鲜长似金背鲸。
扬鳍前导莫敢撄，满空霜禽飞且鸣。
黄衣蝶翅方鹏庚，昏波忽拔虎蛟穴。

静夜或睐骊龙睛，潮鸡报晓鼍报更。
三日况指中山城，中山君长搓手迎。
道旁张乐声琮琤，倾城士女堵墙立。
笋皮笠重蕉衫轻，丛筼夹岸烟梢平。
佛桑花开白紫赪，日长使馆坐无事。
围棋隔院闻楸枰，银光砑纸百幅呈。
诗篇或与沙门赓，爱君临池用笔精。
草书不减张伯英，八分远过梁升卿。
宣尼新宫碑一丈，高文摹勒傍两楹。
更闻岛中田少耕，宾筵日日罗香粳。
佳酥之鲑翠釜烹，香螺劝酒粘绿铓。
模糊深椀山薯羹，遐陬风土正不恶。
亦有花药同杨荆，归艎仍以针计程。
往还七见蟾蜍盈，君来诣阙因陈情。
请假读礼旋书棚，却金复荷主恩赐。
投牒翻一迁秩荣，忆昨送君秋气清。
才逾一暑入帝京，金门咫尺我颠蹶。
君乃万里来蓬瀛，披图雪浪看尚惊。
眼花欲眩心怦怦，耳中仿佛波涛声。
粉精墨妙谁经营，恍疑博望星槎横。
我歌长句挥散卓，青云敢附千秋名。

从朱彝尊的这首长诗中，已经说明汪楫仍然是循着京杭大运河南浮江淮，到达闽越，而后渡海三日直指中山的，这条通道的枢纽依旧在扬州。汪楫生于扬州，家于扬州，奉使琉球七月，也要往返于扬州，后由福建任所调赴京卿，因途中得病又死于扬州家中。汪楫与扬州之间的关系之密、感情之深，是难以用笔墨形容的。由此可见，扬州在中国与琉球交通史上占有多么重要的一页。

3. 扬州使臣行迹

步汪楫的后尘而为外交官的扬州人，特别是在清代后半期更是代有传人。扬州寄啸山庄主人何芷舠观察，曾经出任清朝驻法国公使馆职事，归国后，于光绪年间在扬州新城徐凝门街花园巷东首建造宅第，垒筑山林，吸取了许多西洋法式，被称为"咸同后城内第一名园"。扬州壶园主人何廉舫太守之子何秋辇中丞，家传文学，兼通列国语言文字，曾随杨子通钦使出使俄国，归国后由东海关道升任新疆巡抚，宣统三年（一九一一年）卒于甘肃旅途。扬州名士方地山曾撰挽联云："身行万里路，能通六国书，无怪群公欲使班超定西域；凄凉玉门关，呜咽陇头水，早知今日不如何逊在扬州。"

扬州书画鉴赏名家卞綍昌道员，字薇阁，号狷庵，以优行廪贡生出使日本，任横滨领事。辛亥革命以后，优游林下，以书画鉴赏为乐，收藏名人书画颇多，而且鉴定精审，盖有其鉴定印记的书画，往往成为今日地方博物馆鉴定藏品真伪的重要佐证。

扬州洋务派人士的出现，有其一定的历史背景，例如，卞綍昌乃是督办船政大臣卞宝第的儿子、洋务派张之洞的女婿，再如何芷舠与何廉舫都与曾国藩有旧，曾国藩出任两江总督时，"按部扬州，必枉车骑，过太守之宅。往往诗酒流连，竟日而罢"。身为太守之子的何秋辇，何尝没有受到曾国藩的青睐，更何况曾国藩还是"同光新政"中洋务派的首脑人物之一。既然扬州的这班官僚阶层和洋务运动有如此千丝万缕的牵连，也就当然纷纷出使海外了，这对于书写扬州在清代晚期洋务运动中的历史，是一个不容忽视的课题。

4. 基督教再传扬州

时至道光二十年（一八四〇年），随着西方殖民主义势力入侵中国，爆发了举世震惊的鸦片战争。由于清朝昏庸无能，签订了一系列不平等条约，以丧权辱国告终。随之，大清帝国的大门被打开，英、法、德、葡、日、俄与美帝国主义者蜂拥而至，从而为基督教三传中国准备了条件，法英等欧洲传教士重又来到扬州。最早来到扬州并设立教堂的是基督教新教派的英国内地会传教士戴德生与旧教派的法国天主教传教士金缄三，美国人也接踵而至，在旧城星桥西、卸甲桥、堂子巷、寿安寺巷等处，设立属于新教派的浸礼会教堂，在南门街设立内地会教堂，并于东乡仙女镇设立圣公会教堂，于南乡瓜洲镇设立长老会教堂，吸引了一些地方上的士女洗礼入教，至此，扬州方才有了本土的基督教徒。

但是，由于这些洋教士胡作非为，借举办福利之名，行残害妇女之实，终于在同治七年（一八六八年）八月爆发了扬州教案。这件教案的发生，是由英国内地会传教士戴德生赴扬州租赁房屋设教堂及育婴堂，激起民愤所引起的。当时，扬州人民张贴揭帖反对教会，投考的生员亦集众参加，焚毁内地会住所，扬州知府通知英教士离境。可是，英国驻上海领事麦都思竟乘英舰到镇江、扬州向地方官员威胁，十一月又率军舰四艘到南京交涉，"两江总督曾国藩媚外投降，竟将扬州知府撤职，赔偿损失。并在教堂门前立碑，申明保护外国教会"（《辞海·历史分册》一九六一年版二二八页），才将民愤压制下去。

欧洲与美国基督教传教士东来扬州的路线，已经不是沿着原先的海上丝绸之路直接航行到扬州，而是乘坐拥有远航能力的海轮直达上海，然后，乘坐航行于长江的大轮船，驶抵扬州南乡霍家桥上岸，转至扬州城，上海已正式取代昔日扬州海港的地位。从地理学角度来看，霍家桥与施家桥、扬子桥以及仪征县城，在中古世纪上半叶的唐代皆属扬子江北岸线的通津渡口。由于霍家桥处在曲江故道南口，即沙河入江的河口地段，北段水深面阔，并可循沙河水道水陆兼行，途程较近，可以直抵扬州城下，所以在上海港兴起之后，取代了往昔扬子和瓜洲渡以及仪征县城所在渡口的地位，几乎成了长江北岸扬州地段惟一能够停泊大轮船的口岸，因此法国天主教传教士在扬州建立的教堂，早期就曾建筑在霍家桥集镇上，这所教堂建于同治八年（一八六九年），另一所法国天主教堂设在扬州新城缺口门内，正好在沙河的末口地段。由此可见扬州通江入海港口的变化，这变化的出现，就等于正式宣布扬州从此失掉了海上丝绸之路海港的地位。

　　由于扬州是一座国际闻名的历史文化名城，又处在富饶的长江三角洲中心，有着南北水运的便利，若从海外交通的友好往来方面而论，却也日益繁忙起来。民国年间，不仅有许多美国和英法两国教会神职人员和教师居留在扬州，开办学堂，而且连中国人民的朋友斯诺先生也曾不远万里来游扬州，并在一所教堂里看到过元代意大利旅行家马可·波罗的画像。与此同期，甚至有个名叫甘密特的土耳其人到中国来政治避难，居留在扬州，并在大儒坊开设过眼科诊所，二十世纪六十年代死葬在扬州，巴基斯坦驻华大使受土耳其政府委托，曾来扬州料理甘密特大夫的善后。随着新中国的诞生，扬州被列为对外开放城市、全国第一批历史文化名城，从海外到扬州旅游、讲学和访问的外宾常年络绎不绝。这雄辩地说明，扬州曾是一座举世闻名的海港之城，在海上丝绸之路的交通史上占有不可磨灭的重要一页。

5. 陈重庆与朝鲜使节

由于清代实行闭关锁海政策，朝鲜与中国的交通大多改由边界陆行，而后由京杭大运河南下扬州。据乾隆十一年（一七四六年）所刊《东园题咏》记载，其时即有名布乐亨的朝鲜诗人，于乾隆九年（一七四四年）来游扬州瘦西湖上贺君召家的东园，并与御史准泰、名士汪昱、周沂塘、古斌、史琢夫、顾图河、李复堂、陈章等人题咏于此园。

后在清末，更有朝鲜使节刘清岚来游扬州，并与湖北武昌盐法道陈重庆结为昆弟，且"合写小像"留念。据陈氏所著《默斋诗稿》记云："軿轩小驻绿杨城，远顾第庐倒屣迎。界地题襟谁作合，忧时中酒不能醒。蒹葭宛在伊人想，雪柳来思故国情。记拓丰碑金阙人，仁川鏖战足惊心。"此诗注云："朝鲜昔年立碑宫门外曰：非战则和，主和误国。在仁川口与法鏖战三年之久，殄法夷约三万余人。"所记之事，即朝鲜近代史上的"丙寅洋扰"，时在同治五年（一八六六年）丙寅五月。由此可知，扬州与朝鲜虽远隔数千里，但人员往来不绝，因而信息相通，这显然与相互交通的历史有关。

刘清岚官至朝鲜侍郎，出使清朝来游扬州前后，正是朝鲜多事之秋，面临帝国主义列强特别是日本的侵略，他终于在国家沦亡之际，于光绪三十三年（一九〇七年）悒郁而死。陈重庆在《闻朝鲜之变，悲不自胜，有怀刘清岚侍郎》后一首诗序中云："朝鲜刘清岚侍郎，以使节来华，养病鸠兹，闻其国变，悒郁以死。月前曾以诗寄，诗未达，而君已古人，可哀也已。"所记之事，即日本强迫朝鲜政府接受《日朝保护条约》以及签订《日朝合并条约》之国变，时在光绪三十一年（一九〇五年）至宣统二年（一九一〇年）之间。陈重庆有诗寄写道："国破家亡剩孤臣，卧疾荒江泣满巾。羁旅高桥怜庾信，徘徊湘水吊灵均。死难归榇留忠骨，生别高堂负老亲。七叶貂蝉非所痛，如何天醉锡强秦。"

由此看来，陈氏之诗可能是朝鲜使节国亡、家破、死节之时唯一留传于世的悼念之词，这也成为扬州与朝鲜半岛自新罗到议政府时期海上交通与友好往来史上又一感人的篇章。

附篇：扬州的名胜古迹

海上丝绸之路著名的港口——扬州，至今已有二千五百年的历史。在这漫长的岁月中，扬州为后代子孙留下了众多的名胜及许多与海外交往的古迹，大为丰富了中国的文化宝库，并为海外交通史增添了瑰丽的篇章，对于激发中国人民热爱祖国、热爱家乡和创造性地劳动，增进与世界各国人民之间的友好往来与文化交流，都有极为重要的现实价值和深远的历史意义。现在，让我们怀着崇敬的心情，回顾一下这座经过千百年洗礼的历史文化名城而今依然留在人间的名胜古迹吧。

一、扬州的古迹

1. 邗沟故道

开凿于公元前五世纪吴王夫差时期的邗沟故道，据《春秋》中说："吴城邗，沟通江淮。"这条邗沟的河口起于西南胥浦河，尾闾止于东北淮安末口。虽曾几经改道，惟有流经扬州禅智寺前桥以及唐代扬州罗城官河的一段未改，至今尚蜿蜒隐伏在扬州今城北郊螺丝湾桥东西。相传在螺丝湾桥东河床故址，曾有大船桅杆发现，于螺丝湾桥西南岸，发现有唐代楠木驳岸。这条中国历史上最早的人工运河，是中古世纪南北水运的枢纽，许多朝鲜与日本的使节、学问僧，以及越南、缅甸、印度的佛教僧侣，波斯与大食的商胡，或是沿河南来，或是循水北往，出现过一片水郭帆樯的繁忙景象。邗沟，又名邗江，日僧圆仁在《入唐求法巡礼行记》卷一里所说的江中与南江北江，即是指此邗沟故道的南岸与北岸而言。

2. 汉广陵王墓

汉广陵王墓在扬州今城以北三十五里，据宝祐《惟扬志》，其为"西汉厉王胥冢"。刘胥是汉武帝之子，于元狩六年（公元前一一七年）封为广陵王，后因畏罪自杀，改为厉王，乡人"呼为琉璃王者"，乃"刘厉王之讹也"。（嘉庆《重修扬州府志》）汉代设置广陵国、册封广陵王就是从刘胥开始的。清嘉庆年间，阮元曾在甘泉山麓惠照寺旧址发现厉王冢享堂"中殿弟百卅"刻石，考证甘泉山为刘厉王冢。在甘泉山之东三里有座双山，经考古发掘证明是东汉永平元年（五八年）广陵王刘荆的砖室墓，出土有"广陵王玺"金印一颗，与日本北九州志贺岛出土的"汉倭奴国王"金印同是朝廷册封的文物，并在年代及其大小、重量、字体等方面大体相似，足以证明中国与日本的友好往来的确是源远流长。

3. 隋炀帝陵

隋炀帝陵在今城以北十五里雷塘之北。唐太宗平定河南以后，于贞观二十二年（六四八年）"诏复萧后位号，使护送江都，与合葬"。（嘉庆《重修扬州府志·冢墓》）隋炀帝一度是勤于远略的君主，曾于大业三年（六〇七年）派遣屯田主事常骏、虞部主事王君政访问赤土国（即今马来西亚和新加坡），次年派遣文林郎裴清访问倭国，大业七年（六一一年）派遣尚书起部郎席律访问百济，又曾遣侍御史韦节、司隶从事杜行满访问罽宾小王舍城（即今阿富汗瓦齐拉巴德），派遣云骑尉李昱访问波斯。隋炀帝死葬于扬州，唐人罗隐有诗说道："君王忍把平陈业，只换雷塘数亩田。"《嘉靖惟扬志·郡邑古今图》云："于雷塘之北，画一墓碑，碑刻隋炀帝陵四字。"清嘉庆十二年（一八〇七年），阮元"偶过北村老农，问以故址。老农言：陵今故在，土人名为皇墓墩"。阮元曾随老农行至陵下，陵"高七八尺，周回二三亩许"。老农又言："土下有遂道铁门，西北向。童时掘土，尚及见之。"阮元于是"坐陵下，呼村民担土来。委土一石者，与一钱。不数日，积土八千石，植松五十株，而陵乃岿然"。阮元"复告之太守，伊墨卿以隶古书，刊而树之"。二十世纪七十年代农民取土，曾经现出砖砌甬道一截，后又覆土掩埋，列为江苏省重点文物保护单位。

4. 唐代牙城遗址

唐代扬州牙城遗址在今城西北五里，"盖联蜀冈上下以为城"。这座城池共分两个部分，一是坐落在蜀冈之上的牙城，一是坐落在蜀冈之下的罗城。唐代诗人杜牧所说"街垂千步柳，霞映两重城"，即是这种状况的写照。唐代扬州罗城的城郭大多已经成了废址，但还能从保障河环带的西南一角看到当年版筑的残坦。牙城城郭至今规模犹在，那种"南踞蜀冈、北抱雷陂"的气度，如同虹亘天地。当年版筑的土垣，其东北一隅可高达十米，旧日的城河如同一衣带水围合。在牙城西南山冈上，有唐代鉴真和尚讲学的古大明寺，东面高冈上，有日本和尚经过的禅智寺，北面雷陂对岸，有隋炀帝和萧皇后的陵墓。唐代扬州城还是一座海上丝绸之路著名的通商大港，在日僧圆仁的《入唐求法巡礼行记》与阿拉伯地理学家胡尔达德比赫的《道里与诸国志》等文献中，不仅有详细记载，而且称其为扬府。这座唐代大都督府所在的扬州城池，现已列为江苏省重点文物保护单位，并于牙城西南角楼旧址设立唐城遗址保管所。

5. 古大明寺

古大明寺在今城西北五里蜀冈上，因其在隋宫之西，又名西寺。

隋文帝仁寿元年（六〇一年）诞辰，诏于海内清净处建立栖灵塔三十所，因造九级浮屠于寺内，又称栖灵寺。自宋代以后兴废无常，时至明代仅存寺基，万历年间知府吴秀重建，清雍正年间光禄寺少卿汪应庚增修，造云盖堂、洛春堂、万松亭、水池于寺，前后种松十万株。咸丰三年（一八五三年）毁于兵火，同治十一年（一八七二年）两淮都转盐运使方浚颐重建。

寺宇坐落在蜀冈中峰，面南而筑。山门前有牌楼一座，枋额正面书题"栖灵遗址"，背面书题"丰乐名区"。牌楼前左右两侧，立一对正头石狮子，系从乾隆行宫移来。山门两侧围墙上，左嵌蒋衡书"淮东第一观"，右嵌王澍书"天下第五泉"石刻，山门上嵌"大明寺"三字额。山门内为弥勒殿，殿之正中，面南供大肚弥勒佛像，面北供护法韦驮像，大殿两厢供四大天王像，弥勒殿直北为大雄宝殿，正中面南供奉三大佛，正中为如来佛，即释迦牟尼佛，右面为弥陀佛，左面为药师佛。面北供奉着鳌山，站在鳌鱼头上的是观音菩萨。在观音菩萨的左右，男为善财童子，女为龙女。鳌山上一组妖魔鬼怪和天兵神将，描绘的是善财童子学道"五十三参"故事，在这里与《西游记》中的唐僧取经结合在一起。大殿两厢供奉着十八尊者，即通常所说的十八罗汉像。大殿后壁右侧供奉着禅宗六祖坐像，第一组就是印度的达摩，足见大明寺是座禅宗寺院。

明天顺年间僧人智沧溟重建扬州大明寺时，曾在古井内掘出五代时期大明禅寺残碑一方，从而为古大明寺的法源找到了实物佐证。时至清康熙年间，大明寺不仅是一座禅宗佛寺，而且是禅宗南岳系马祖派曹洞宗的寺庙。住持大明寺的方丈名叫克家，是曹洞宗洞山和尚第三十代传受宗大师，世人称为受宗和尚，为"江北之主、盟斯道者"。继受宗大师之后，住持方丈是受宗弟子道宏禅师，为洞山之三十一世正传。可见大明寺在建寺一千四百九十多年的历史中，是一座地道的禅宗佛寺。正如前说，日本禅宗的和尚是以精通汉学而闻名的，远在明代即已充当遣明使节，来往于两国之间。日本北九州唐津市以古代与中国通航而得名，在唐津镜山南面有一座惠日寺，建于日本后圆融朝永和元年（一三七五年，明洪武八年），属于禅宗南岳系马祖派曹洞宗，考究其法源，不能不和扬州大明寺有着宗派上的联系，应当说是一脉相连的寺庙。

在大雄宝殿以东，前为平远楼，楼中有鉴真和尚东渡事迹陈列室，后为鉴真纪念堂。纪念堂由门厅、甬道、碑亭、回廊、金堂组成。门厅上方悬一篆书鉴真纪念堂匾。步过甬道，为唐鉴真大和尚纪念碑。过碑亭正北即享堂所在，享堂面阔五间，进深两间，柱成腰鼓形，柱头斗拱出一跳，削面昂，无殿顶，内装平棋格子，屋甍双鸱。柱石础作复莲状，台基平叠，阶石七级。明次三间为门，梢间装直棂窗。在碑亭与享堂两侧，以回廊围合，内面虚槛，外壁每间装直棂窗一面，空灵之至。碑亭、回廊、享堂仿唐代大木架结构。这座纪念堂为清华大学建筑系教授梁思成设计，一九六三年十月奠基，一九七三年十月落成，与日本奈良唐招提寺金堂法式相似。堂内正中供奉仿唐招提寺鉴真和尚乾漆夹纻造像一尊，堂外立有奈良唐招提寺森本孝顺长老敬献的仿唐代石灯笼一座，内供长明灯一盏。

在大雄宝殿以西，前为平山堂，传为北宋庆历八年（一〇四八年）欧阳修所筑山堂旧址。欧阳修有调寄《朝中措》词云："平山栏槛倚晴空，山色有无中。手种堂前垂柳，别来几度春风？文章太守，挥毫万字，一饮千钟。行乐直须年少，樽前看取衰翁。"中有谷林堂，以苏轼诗句"深谷下窈窕，高林合扶疏"为名，相传始建于北宋元祐年间。此堂与平山堂均重建于清同治七年（一八六八年）。苏轼曾经出任过扬州太守，并两次经过扬州，撰有调寄《西江月》词云："三过平山堂下，半生弹指声中。十年不见老仙翁，壁上龙蛇飞动。欲吊文章太守，仍歌杨柳春风。休言万事转头空，未转头时皆梦。"谷林堂后为欧阳修祠，乃两淮盐运使欧阳正镛于清光绪五年（一八七九年）所建，明间后壁中供石刻欧阳文忠公画像，系摹自清朝内府藏本。上悬"六一宗风"匾额。欧阳运使撰有联云："歌吹有遗音，溯坡老重来，此地宜赓杨柳曲；宦游留胜迹，访先人手植，几时开到木兰花。"

平山堂西侧为西园所在，建于清乾隆年间，一称御苑，又名芳圃。园门北向，循石级下至园中，园中冈阜四起，竹木葱茏。中央洼地凿一广池，水貌泱泱，倒影重重。从园门开始，依阜叠黄石为山，时洞时曲，逶迤西去。经观瀑山亭与"天下第五泉"蜿蜒而下，下有溪径屈曲，与池中汀屿相连，其间既有亭台错落，又有山石笔崿。池子东面有康熙御碑亭，东北一隅又有乾隆御碑亭，此亭东侧曾经掘出明僧智沧溟的骨灰冢。园子东面依墙傍岩筑一座鹤冢，掩映在竹木荫中，饶有山林野趣。路边有小池，西岸有井，井边立有明代巡盐御史徐九皋所书"第五泉"碑石。在广池汀屿上筑有荷厅，四面临水，东南水滨有黄石山子拔水而起，峰峦重叠，洞曲相连，乃是已故叠石匠作王老七遗构。西南水际有覆井亭，亭下有泉，名作塔院西廊井，也称"天下第五泉"。池水南沿下有樵水榭，上有语石山房。由山房西出，有山径上下，或临水，或登高，在半坡竹木丛中筑一座空翠山亭，以供小憩或凭眺。山径北首新近移风来堂三楹,最是清风明月佳处。游人至此,已经绕着西园走了一圈。这处园林构筑的托意,原先是用来比拟济南泉林之胜的,今已改动许多,增修一新,列入江苏省重点文物保护单位。

6. 摘星台旧址

摘星台在今城西北五里蜀冈上,上有观音寺,始建于元至元年间,俗称观音山,高三十三丈。宝祐《惟扬志》称上有摘星寺,《嘉靖惟扬志》称其即摘星亭旧址,《方舆览胜》载为摘星楼,明代崔桐以此为迷楼故址,并匾之名曰鉴楼。清扬州《府志》与《县志》皆云:"俗传为迷楼故址,伪也。"光绪《增修甘泉县志》考证为:"贾似道筑宝祐城,建楼上,匾曰三城胜处,后有摘星亭摘星台,皆其处也。"

再从现代考古学调查来看,此处确属唐代扬州牙城之内城西南角,后为宋代堡城与宝祐城之西南隅,是南城墙与西城墙的结合部,地形成九十度直角,其楼必然是城墙上的角楼,因其高被后人称为摘星楼或亭,楼圮而为台。唐人窦巩诗句"西南城上高高处,望月分明似玉钩"即是这里的写景,足以证明崔桐贻误后人不浅。因此,唐代诗人李绅在《宿扬州》诗中所写"今日市朝风俗变,不须开口问迷楼"就是这个意思。

在这"西南城上高高处"正式建立观音寺,还是宋代及其以后的事情,正式见于记载乃为"元至元中,僧申律建",后在明洪武年间"僧惠整重建",名作功德山。清乾隆年间盐商汪应庚"以万金鼎新之",乾隆南巡时又赐功德林与天池两方匾额以及"峻拔为主"四字。咸丰三年(一八五三年)毁于兵火,同治年间修复,光绪之际又焚毁,随后重建。山半有功德林石额,山门面南,可谓"江淮南北,一览可尽"。过此折向西行,拾级至二道山门,门外悬崖围以短墙,名曰香海,门内为弥勒殿,直北为观音殿,东西两庑分列十八应真殿,后壁画"五十三参"故事。殿后建楼三楹,署曰摘星楼,楼外为天池。目前,观音寺已辟为扬州唐城遗址保管所,观音殿及东西两庑改作扬州出土唐代文物陈列专室,其中备有对外关系专题陈列,已正式对外开放。

7. 天宁禅寺

天宁寺在今城天宁门外,为扬州第一名刹。山门南向直对天宁门,门前旧有牌楼一座,枋额正面题"晋译华严道场"六字,背面书"邗江福地"四字。此寺相传为东晋太傅谢安别墅,尼泊尔高僧佛驮跋陀罗于义熙十四年(四一八年)译《华严经》于此,因此,右卫将军褚叔度特往建康请于司空谢琰,舍宅为寺,号广陵福地,又因《华严经序》有佛驮跋陀罗造履净华严堂译经故事,遂改为兴严寺,为扬州历史上最早的佛寺。

寺西旧有银杏二株,大可数围,高一百三十余尺,广荫数亩,相传为谢安别墅故物,清代翰林徐葆光题为晋树,并以此名亭。唐证圣元年(六九五年)为证圣寺,广明二年(八八一年)改正胜寺,北宋大中祥符年间改兴教院,政和年中从蔡汴之请,始赐名天宁万寿寺。明洪武年间设置僧纲司,都纲道彝和尚重建天宁禅寺。清乾隆二十二年(一七五七年)乾隆南巡时于寺西建造行宫,赐题"莲宇蜂台"匾额,"屹为江淮之冠",咸丰三年(一八五三年)毁于兵火,次年春,僧真修募化修造。同治年间,两淮都转盐运使方浚颐重建首进山门,左右列钟鼓楼两座,于二道山门东西筑甬道两条,各长二十余丈,又筑东西两庑各十余间,与甬道同长。廊舍多为偏殿、客堂，斋室设有僧厨，有大锅两口，一次能煮米数担，其中一口铜锅为乾隆年间旧物。在二道山门之后东西两庑之间，前为大雄宝殿，殿前围以石栏，栏内为御碑亭，东西相向，制极宏丽，殿中供三大佛，两厢塑十八应真像，形状各异，制极精工，殿后供千手观音菩萨像，螺髻璎珞，宝相庄严。中为华严宝阁二层，因佛驮跋陀罗译经于此而名，阁上塑有金佛千尊。后为藏经楼，三层七楹，规模宏大，为扬州佛寺第一。楼东偏为方丈内院，有客厅僧楼，庭前花木幽深，饶有城市山林意趣。此寺虽然几经动乱，除牌楼佛像等拆除而外，规模大致犹存，为扬州海外交通与佛教兴盛的历史保存了实证。

8. 青龙泉

青龙泉在明嘉靖三十五年（一五五六年）增筑新城之前，属在天宁寺内，原先天宁寺牌楼在今城内天宁门街南首，既筑新城，泉在天宁门内，泉上旧有亭，后废。相传此泉为天宁寺青莲池旧址。《嘉靖惟扬志》载："东晋时，跋陀罗尊者译经"于此，"忽有两青蛇从井中出，化二童子，自旦为尊者洒扫焚香，迄暮，俟其收经卷而去，日复如是"。池址"在今观音殿后，岁久倾圮"。清雍正七年（一七二九年），因泉基逼于民居，寺僧理宗募金买其地，周以围墙，门上勒以青龙旧额。门内有井，有半亭，有碑，碑为雍正时立。时至二十世纪六十年代，先是被民人强占为住所，后被拆毁。

9. 讲经墩

明嘉靖三十五年（一五五六年）之前，讲经墩在天宁寺内，新城既筑，墩在天宁门内西偏。《嘉靖惟扬志》记云："在谢司空寺前，广袤三亩许，高二丈余。佛驮跋陀罗尊者译经地，傍有井，曰青龙泉。"又云："国朝雍正十二年有天台僧大岩来此购地开山，建筑圣亭及尊者履净华严之堂于墩上。"故此地名讲经墩，今彩衣街至大东门之间街南名南讲经墩，街北名北讲经墩。早在明代已被街道切成两半，二十世纪六十年代之后大半夷平。

10. 古木兰院与石塔

古木兰院旧址在今城北门外三里，创建于南朝刘宋时期，名作蒙因显庆禅院。刘宋元嘉十七年（四四〇年）改名高公寺，唐先天元年（七一二年）改称东大安国寺，乾元二年（七五九年）改为惠照寺，寺有木兰院。唐人王播有《题惠照寺木兰院》诗云："二十年前此院游，木兰花发院新修。如今再到经行处，树老无花僧白头。"因而寺名遂被木兰院所掩。

唐开成三年（八三八年）建石塔以藏佛舍利，又名石塔寺。据日僧圆仁《入唐求法巡礼行记》卷一记载，同年九月十日，"惠照寺广匄法师来相见谘谈。当寺僧等云，是法华座主，讲《慈恩疏》"。当时的"开元寺江阳县管内"，即在罗城内官河之南，惠照寺却在罗城内官河以北，地在江都县管内。这段记事说明惠照寺僧还是相当有佛学理论的，曾经与日本请益僧有过直接接触。后来，寺毁于会昌灭佛之际，塔亦就圮，不知何时移至唐代扬州江都县彭城乡，即在今城西门城外重建。南宋绍定年间塔又圮坏，寺僧于旧址重建。时至嘉熙年中，"始移创于城内浮山观之西。宝祐中，贾似道重修"。明正统八年（一四四三年），僧纲司副纲怀乐增修寺塔，清康熙四十七年（一七〇八年），僧抚生重茸，又建大悲阁与石戒坛，雍正七年（一七二九年），知县陆朝玑恢复古木兰院旧额，乾隆年间，知府李逢春重修石塔，于塔基地宫中发现"唐时《藏舍利石塔记》碑刻，砌入塔下"。

古木兰院石塔，六面五级每层挑角飞檐，塔刹高耸。塔周围以石栏，由长方形栏板与方形石柱构成，每块石板上刻有龙、凤、马、牛等动物图形，柱石上刻如意花纹，为乾隆年间遗制。塔的第一、三、五各级南北两面，凿有对穿的拱门，第二、四两级各面与第一、三、五级的东南西南、东北西北各面，凿有壁龛，内有浮雕佛坐莲台等像各一尊，合计二十四尊。塔有三级，上刻"信士弟子□□□□，保父□□□□□□"、"□□□□□□□，□□□□□□□□□"、"宝应县信官王好儒施佛壹尊"等供养人铭文，这是扬州留存最早的石塔。一九七八年二月建筑马路拆除木兰院山门的同时，将此石塔保留在原地，成为马路中心的景物。

11. 仙鹤寺

仙鹤寺，《嘉靖惟扬志》记作礼拜寺，其址"在府东，太平桥北"，即今南门大街一百一十一号清白流芳之南，为"宋德祐元年西域补好丁游方至此创建"，后于"洪武三十三年哈三重建，嘉靖二年，商人马宗道同住持哈铭重修，哈氏至今领礼部札付，替袭住持"。清雍正八年（一七三〇年）、乾隆四十年（一七七五年）曾经两次重修。清末民初，以刘心斋为仙鹤寺以妈目，以达彩会、达凰山为阿訇。直至今日，这所礼拜寺还保存着。大门两侧的抱鼓石、礼拜堂的大木框架结构、下房的基础与原先的宣谕台，都还是明代的遗制。二十世纪六十年代遭到占据与损坏，国务院宗教事务局与扬州市政府已于一九八二年九月全部修复，扬州穆斯林于此进行正常的礼拜活动，皆由汶河路东便门进出。

12. 普哈丁墓

普哈丁墓，《嘉靖惟扬志》记在东水关河东，即今东关城河对岸、解放桥南块高岗上，俗称回回堂。据清光绪三十四年（一九〇八年）所立《先贤历史纪略》碑文记载，普哈丁逝世于"德祐元年七月二十日"，后"事为郡守元公所闻，知为异人，乃建墓兹土"。墓园建筑分为两个部分，一是位于平地上的清真寺，建于清乾隆年间，一是位于高岗上的墓域，分别建于南宋与明清两代，门堂与房屋建筑曾于乾隆四十一年（一七七六年）八月、光绪三十四年（一九〇八年）与民国二十一年（一九三二年）六月重建或重修。

普哈丁墓大门西向临河，门额上嵌"西域先贤普哈丁之墓"九字刻石。大门内为门堂三间，今时马阿訇住于左厢，过此直东为甬道石阶，其中为二门，门额上刻"天方矩矱"四字，亦有门堂三间。过二门行不数步，南向先是有平舍三间，随后为南向门亭，门墙上端对称书写阿拉伯文两组，右手为"得道者普哈丁"，左手为"普哈丁是枢纽地丁"。门亭内壁东嵌《先贤历史纪略》碑，西嵌《韩阿衡迁春碑铭》。门亭正北直对法纳墓亭，门额上嵌乾隆四十一年立横长石刻一块，上题"宋德祐元年西域至圣一十六世后裔大先贤普哈丁、宋景炎三年西域先贤撒敢达、明成化元年西域先贤马哈谟德、明成化五年西域先贤展马陆丁、明弘治十一年先贤法纳"。

过法纳墓，即至普哈丁墓。墓亭平面四方，四壁各一个拱门，内顶呈半圆形，阿拉伯语称为拱拜尔，外顶呈四坡形瓦顶，中国亭式建筑。墓亭南壁外墙拱门右侧上方，嵌有清雍正四年（一七二六年）所立"西域得道先贤补好丁之墓"碑，墓亭中央为五级矩形层叠式石塔，阿拉伯语称为古布勒，即是普哈丁墓。在普哈丁墓西南角、法纳墓的后方，又有一座拱拜尔，内有两座墓塔并列，有人以为是明代马哈谟德与展马陆丁之墓，已无文字确证，尚不可考。在普哈丁墓等三座墓亭的西偏，面东立有元代阿拉伯人捏古伯等墓碑四通，碑墙之后又有元代穆斯林拉赫曼等墓塔石顶一条，卧伏于蔓草丛中。排列在这里的元代阿拉伯人墓塔石顶与墓碑，原址在南门外，明初被拆毁，砌在挡军楼下，于一九二七年拆除挡军楼与一九二九年清理南门外水关及挡军楼墙基时被发现，先是移至仙鹤寺内，五十年代末方才迁至此间保存，与普哈丁等阿拉伯人墓亭为邻，集中体现了扬州穆斯林和阿拉伯穆斯林悠久历史的友好往来，无怪乎一九七九年伊朗留学生来到普哈丁墓域时要说出"我们好像回到了家里"的由衷之感。

在普哈丁墓域南向门亭的对面，即二门内侧南沿，先是有明"弘治十四年闰七月初四日故世"的"陕西西安府长安县客商王鉴"墓亭一座，面北而立，墓亭内有两座墓塔并列。除王鉴墓有三十五字铭刻可以辨认外，其余一座尚未考知是何许人。过王鉴墓亭不数步，有一座北向门亭，与南向门亭相对，因又通称南北对亭。在此门亭内壁西墙上，嵌有清光绪二十六年（一九〇〇年）七月《重建先贤普哈丁墓碑记》。步过门亭，以南地域即为明清两代以来扬州伊斯兰教贤哲与阿訇的丛葬地，墓塔累累。在南北两座对亭之间，西向筑有客厅一座，客厅之前种花植木，有一株银杏高可参天，当是明代旧植。整个环境清净而又肃穆，曾是扬州伊斯兰教设帐讲学的所在。新中国成立后，政府几经维修，已经列为江苏省重点文物保护单位。

13. 挡军楼

挡军楼在今城南门外，明代以来"扬州府内外二城，皆因宋大城筑"。元至正十七年（一三五七年），朱元璋部将缪大亨夺取扬州，兵燹之余,"城中居民仅余十八家",因城大难守,于是金院张德林截取宋大城西南隅,改筑小城而守之,即是《府志》所谓的内城,也就是后世所说的旧城。旧城南面与西面的城墙,都还是宋大城的基址,北面与东面的城墙,恰是明人新筑的城垣。在每道城墙"各有瓮城、楼橹、敌台、雉堞"。当时,南门叫做镇淮门,是宋大城旧有的城楼,在城门外面增筑瓮城,即月城,这在扬州来说,是从宋代开始的。在《嘉靖惟扬志》的"宋三城图"上,就可看到瓮城的图形。因此,扬州旧城南门和西门外的瓮城,都是宋大城的旧迹,但是"其南门月城三重,余各二重",这多出的一重乃是张德林为了踞守扬州,另在安江门的瓮城之南增筑的一道曲城,东起运河西岸,北接南门城墙,正好把运河北岸的南城墙与安江门关拦在内。在这道曲城的南墙东首开了一个城门,名作通江门,西首开了一个城门,上建城楼,因是用于防守,遂名挡军楼。

宋元时期的扬州南门外,即是通往江南的驿道与运道并行的地方,自宋代筑大城以后,这里又是设置馆驿的地方,至今尚留有馆驿前这个地名。"从一份清代同治初年刻印的《扬州府治城图》看,南门挡军楼外不远,有一所礼拜寺在。据民国《江都县续志·寺观考》记载,安江门外忠善乡的清真寺,系宋时建。按其地理位置,即是指的这所礼拜寺,其旧址传至后世,仍有旧迹可寻。而城外有礼拜寺的地方,往往附有伊斯兰教徒的丛葬地。"(朱江《伊斯兰教文化东渐扬州始末》,《海交史研究》一九八〇年第二期)加之元代来自欧洲、西亚等地的色目人,往往成为元朝统治汉人的帮手,所以在元朝覆灭之际,明朝正式建立前后,也就将色目人与元朝统治者同样对待了,故而在建造挡军楼时,就把葬在南门外清真寺墓地里的捏古伯和拉赫曼等色目人的墓石，取来砌作城墙的台基。因之，在拆除与清理南门外水关及挡军楼墙基时，就发现了这些重叠在一处的阿拉伯人与波斯人的墓碑与墓塔石脊。挡军楼遗址就成了元代阿拉伯人与波斯人历史文物的收藏所，为后世研究扬州海外交通史提供了极其珍贵的金石文字资料。

14. 龙头关

龙头关河道即旧城之东城河，开凿于元末，起于旧城东南角，与城南运河相接，止于旧城东北角，流经小东门与大东门桥，与市河接连，成为旧城东壁的护城河。由于新凿河道积土于城河东岸，南自钞关埂子上起，逶迤北去，至天宁门埂子下隐没。明嘉靖三十五年（一五五六年）于旧城东郭外，循宋大城东南隅更筑新城，旧城东河遂成市河，即后世所说的小秦淮。于这条河道的南北两城墙界址，筑水送两道，由于河东长埂如同游龙一般，因而名作龙背，后在这条埂子南首河口上筑了一道水关，并于河上筑了一个水闸，如同龙饮于水一般，因名龙头关。出天宁门，又有高埂起伏，相传直至下雷塘而后止，遂名龙尾田。清乾隆六十年（一七九五年）十二月成书的《扬州画舫录》上，有多处谈到龙头关，例如"钞关至天宁门大街"一段中说："路西为龙头关，内通外城脚"，又有"城河即市河，南出龙头关，有坝蓄水，与官河隔，谓之针桥"，"龙头关河道，半为两岸郾潴，滤池所集，浑浊污秽，五色具备，居人恒苦之"，"龙头关下水极深，中有一鼋，天晴曝背，居人恒见之。冬时水涸，不知所之"诸说。龙头关当是明代建筑，元代仍以宋大城为城，未闻有修筑新城之说。元至正二年（一三四二年）与四年（一三四四年）多密尼·伊利翁尼家族的墓碑于龙头关发现，说明在这附近曾经有过也里可温教堂。有人推断，多密尼·伊利翁尼子女的宗教信仰，是属于罗马公教圣方济各会，大多是意大利人，也即是元代的色目人，所以，他们的坟墓遭到与阿拉伯人捏古伯等人相同的命运，大体上于相同一段时间先后被拆毁，并将其墓碑用来修筑城墙关隘。龙头关在安江门西南隅，与挡军楼遗址相距不远，其踪迹为探讨扬州海外交通史提供了十分难得的文物资料。

15. 文峰塔

文峰塔是一座七级八面砖木结构的宝塔。据嘉庆《重修扬州府志》记载："文峰塔，在城南门外，地名宝塔湾。万历十年，知府虞德晔建浮屠七级于此，因并建寺，俱文峰名，塔顶以金涂之。"清康熙七年（一六六八年）六月，扬州"地大震，塔尖坠地。明年己酉，天都闵象南捐资重葺，得良材，较旧尖高一丈五尺，阅半载乃成"。塔尖筑成后，"大放白毫光，万线千丝，盘旋而上，水陆之人，皆仰瞻惊叹"。（清桑豸《重修文峰塔尖碑记》）后于乾隆年间毁于火，咸丰三年（一八五三年）又毁于兵火，塔仅余砖心，一九二三年扬州众僧合大江南北各寺住持募化修复。这座宝塔坐落在运河三湾所在的平原上，正如桑豸《碑记》所云："如孤峰耸秀，蠡入云霄，洵足以壮巽维之观，镇江淮之水，收吴楚之胜矣。"文峰塔所在地段的运河，开凿于北宋天禧四年（一〇二〇年）正月。宋代阿拉伯人普哈丁、撒敢达，元代意大利人马可·波罗、多密尼·伊利翁尼，以及波斯人胡阿吉·谢希德丁·拉赫曼，明代阿拉伯人米里哈只、马哈谟德、展马陆丁、法纳，日本遣明使、画僧雪舟与禅师策彦，以及琉球国使郑文英等，都是经由文峰塔畔的这条运河故道往返于扬州的，特别是琉球国使还曾亲见亲闻过这座七级浮屠的兴衰故事。文峰塔成了南眺京口三山、北望蜀冈三蜂的胜地，吸引许多名士公卿与都人士女来此攀登。清人闵鼎有诗吟道："塔势凌空起，微躯与并高。云来衣一拂，天近首难搔。城郭三家小，风尘此处逃。周回尽瞻望，元气有钧陶。"

16. 文昌阁

文昌阁旧址，即今市政府中路地段。明洪武二年（一三六九年），知府周原福于南宋时期旧基重建，后在弘治九年（一四九六年），扬州府同知叶元于府学东侧市河上建文津桥，以通府学，万历十三年（一五八五年），两淮巡盐御史蔡时鼎在桥上建筑文昌阁，成为府学的附属建筑物，阁内上悬"邗江文枢"匾，以示府学在昌明地方文化方面的权威地位，兼有吉祥的含义。文昌阁曾于万历三十三年（一五九五年）毁于火，次年江都知县张宁重新修复，后又圮毁，清雍正五年（一七二七年）又重修过一次。解放后几经维修，方才得以保存至今。

文昌阁是一座砖木结构的建筑，平面呈八角形，立面分三层，每层檐口皆为圆形，顶以筒瓦覆盖，二三两层窗格均可输转开关。整个建筑物坐落在石桥之上，底层东西各辟拱门一，以通行人，桥下拱洞朝向南北，以通流水。其外形与北京天坛祈年殿相似，既壮观而又别致。解放后，市政府为了发展城市交通，填没了这道河流，改筑汶河路，文昌阁遂屹立于马路中心，为扬州名城生色不少。

17. 武当行宫

武当行宫在新城东关街北，左临臣止马桥，是一所道教寺观，始建于明宣德五年（一四三〇年），嘉靖年间重修，原名真武庙。真武系道教信奉的神人，相传为净乐国王太子，生而勇猛，越东海来游中国，遇天神授以宝剑，入湖北武当山修炼四十二年，能白日升天，威镇北方，号玄武君。大中祥符年间，宋真宗尊为镇天真武灵应佑圣帝君。道教源于古代神仙方士的巫术，直到东汉汉安元年（一四二年），由张道陵于鹤鸣山（在今四川崇庆境内）创教以来，方才成为定型的道教，奉老子为教祖，称作太上老君，尊张道陵为天师。自元代以来，道教正式分为正一、全真两派。正一派道士不出家，俗称火居道士或俗家道士，全真派道士须要出家入教。道教中有一项很为突出的活动即是炼丹，又称点金术或黄白术，是一种企图把普通金属炼为黄金白银以及"长生不老丹"的方法，历代都有炼丹与炼金术书籍流传。炼丹必须找矿，这对于中国地学发展起了先河的作用，后来由于燃素说的出现，使炼丹家发现了许多化学现象，并制备了一些化合物，使炼丹术对古代科学的发展产生积极的影响。

扬州自明代以来建有道观三十余所，而今已经所剩无几，而又以武当行宫保存较好，建筑年代也较早，目前尚保存有山门与大殿等建筑物。大殿为面阔三间，进深两间，歇山瓦顶，惟有柱头斗拱四铺作，不出跳。殿内旧供真武大帝铜座像，高大异常，亦明代铸造。解放初期，由苏北文物管理委员会移至史公祠一隅保存，今已不知所终。原先尚有大铜钟一口，高一百六十七厘米，口径一百二十二厘米，厚达五点八厘米，在钟的肩下一圈纹饰里有铭文五段，其中一段如下："直隶扬州府江都县大东门外怀远坊真武庙，住持朱景良，住持周长仙，大明正德五年岁在庚午拾月望前吉旦募缘铸造。"这口铜钟距今已有四百七十二年，是扬州道教以及佛教中仅存的一口大铜钟，和武当行宫大殿同是扬州现存有确凿年代可考的宗教文物，而且还流传着与海东古净乐国之间的神话故事，从一个侧面反映出中国与海外的关系史，而且是扬州近今唯一值得保存的道教文化遗物。

18. 盐运司衙

盐运司衙在新城运司街西，建于明洪武三年（一三七〇年），正统六年（一四四一年）、成化年间、正德元年（一五〇六年）相继修理，弘治年间外周置垣房百余间，召人居住，以备防御，嘉靖年间复置三门，门上有楼，东曰"宾阳"，南曰"迎熏"，北曰"拱极"，即东、南、北三圈门。清康熙二十八年（一六八九年）运使崔华仍明代旧址重修，勒有碑记。运司对面有照壁一道，左右有牌坊各一，左坊上题"国计攸关"，右坊上题"边储永赖"。运司有大门三楹朝东，悬山造门前两侧立一对石狮子。入内南向为二门三楹，仪门与大堂各二楹，堂下有井，上覆以亭，康熙四十四年（一七〇五年）赐宝忠堂三字额，并赐"天高云共色，夜永月同明"楹联一副。大堂左右为吏廨，东有广盈库，西有架阁库，堂后为穿堂、二堂，皆三楹，题为宣惠堂。堂后设三堂、后楼各五楹，因楼与董子祠连接题曰景贤楼。西为清燕堂，运使曾燠题联云："上客尽知名，杜牧诗才，鲍照赋手；前贤有遗韵，魏公芍药，永叔荷花。"清燕堂西有园，旧有倚云书屋，后改题襟馆，西南有曲榭平台，题为西溪渔隐。运使住宅在大堂之东、南向宅门内，有厅房、书室、双藤书屋以及厢房、火房等建筑。

太平天国天官副丞相林凤翔、地官正丞相李开芳等人，于清咸丰三年（一八五三年）率领太平军一下扬州时，曾将指挥部设在盐运司衙，一面坚持与清军江北大营作战，一面宣传动员群众起来革命。一九二一年日本人高洲太助来扬州主持两淮盐务稽核所事务，于运司衙门东南一区建造洋式办公楼，打破了传统的建筑组群，留下了殖民地的烙印。一九四九年后，先是苏北行政公署设在此间，后为扬州地区专员公署办公处所。由于历年除旧更新，往昔建筑已全部拆去，改建新屋，惟有盐运司门厅尚在，门外一对石狮子于二十世纪六十年代移至史公祠，至今尚未物归原地。

19. 金冬心居址

金冬心居址共有两处，一在新城三祝庵，一在旧城西方寺。三祝庵是其早期栖止处所，西方寺则是晚期栖止地点。金冬心名农，号冬心，是乾隆前期杰出的老画师，号称"扬州八怪"之一。他的书画作品早在生前就已流传到日本，弟子罗聘在《江上怀人绝句十五首》中写道："书法曾传日本国，诗篇不入承明庐。七十已过开老眼，只看草木及虫鱼。"直到今天，日本书法界还很推崇金冬心，专门设有金冬心书法研究会等学术团体。

目前，三祝庵只剩山门砖墙与僧舍一角，余皆拆除，改为煤球作场，惟有西方寺大殿尚存。西方寺在旧城四望亭西北，据民国《江都县续志》载："唐永贞中僧智完建。"相传寺中旧有石佛三尊，高二尺余，出土于寺前，后来此事传到朝廷，特赐西方禅寺一额，又据《续志》记载，时至一九二一年"额与敕尚存"。此寺后于明洪武年间重建，永乐、正统年间重修。清康熙年间寺殿倾圮，南源禅师募缘重修，咸丰三年（一八五三年）又毁于兵火，光绪年中"僧道澄与其徒久亭，亦屡有建造，惟尚未复旧观"。传至今日的西方寺大殿，面阔五间，进深两间，瓦顶重檐歇山造，雕梁画栋，柱头斗拱五铺作，出二跳，昂嘴削面，补间斗拱明间四朵，次间二朵出二跳，皆铺作。柱与础之间垫以木质，础石作复莲状。从整个建筑物现状分析，部分柱础是宋代遗制，但大部分大木框架结构为明代旧物，瓦顶及其装修已是清代匠作手笔。这所建筑还是扬州现存佛殿中年代最早的一座，也是与金冬心生平至关重要的遗址，金冬心惨淡的晚年，大部分是在这里度过的。

20. 罗两峰故居

罗两峰故居在新城弥陀巷内，小花园巷东首坐北朝南，东为住宅，前为厅，后为宅，西为花园，北有书斋三间，西有客座两楹，西南修以短廊，与半亭相接，亭内题作倦鸟巢，为真州吴让之手书。东有修廊一折，南首与厅堂相通，北首与书斋相接，金冬心在这里作过画。

罗两峰及其妻子儿女，一家皆善绘画，而且擅长画梅，有"罗家梅派"的声誉。罗两峰，名聘，清乾隆至嘉庆年间画师，为"扬州八怪"中最为晚出的杰出画家，独擅画鬼，作有《鬼趣图》，轰动京师，翁方纲等许多名士公卿都曾题跋。吴锡麒在《香叶草堂诗序》中写道："活梅花于腕下，生竹树于胸中，春山淡而秋山明，新鬼大而故鬼小，极云烟之变幻，姿粉墨之临摹，遂令蔗汁称珍，榴皮见重。"罗两峰这部精心杰构也早已流传到日本，成为一代绝响。可是他的身世却很凄然，正如吴锡麒《诗序》所说："然而频年作客，半世忧贫，徒以绘事之精，用博名流之玩。"直到晚年方才谋到瓜洲育婴堂董事之职，并在《初董瓜洲育婴堂事》诗中倾吐了心情："今日从兹役，为事诚殷勤。衣食固其端，彭殇非等伦。托身已得所，何必骨肉亲。"这首诗一字一泪，为了求得托身之所，还得抛下骨肉之亲。在此之后不久，罗两峰与世长辞，故居随后转手为仪征金氏所有。

21. 县学四望亭

四望亭在旧城开明桥西侧,始建于明嘉靖三十八年(一五五九年),原系江都县学文奎楼,后改名魁星楼。魁星即奎星的通称,为古代天文学的二十八星宿之一,因此又称作奎宿,属于白虎七宿之首宿,有星十六。《礼记·月令》说:"季夏之月,旦,奎中。"《孝经·援神契》说其"屈曲相勾,似文字之画",于是产生了"奎主文章"假想,由此成为古代学宫建筑群的重要组成部分。魁星楼就是学宫供奉奎宿的窗格六扇,一周有四十八扇,第三层每面窗格四扇,一周合三十二扇。亭内每层有梯,可以拾级而上,于亭上凭栏四眺,扬州新旧二城街景历历在目。太平军曾架木四望亭以窥清兵动静,后来在扬州流传过一首称颂太平军的歌谣:"四望亭,三层阁,站在亭上探马脚。马脚到,吹角号,打得清军往回跑。扬州城有红头军,吓得清军不敢到。"

22. 禅智寺旧址

禅智寺在今城东北五里蜀冈上。据地方志记载:"即上方寺,本隋炀帝故宫。炀帝尝夜梦游兜率宫,听阿弥陀说法,寤,即以离宫施为寺。"因唐人杜牧诗中有"谁知竹西路,歌吹是扬州"句意,一名竹西寺。唐代诗人罗隐有《春日独游禅智寺》诗云:"远树连天水接空,几年行乐旧隋宫。花开花谢还如此,人去人来自不同。楚凤调高何处酒,吴牛蹄健满车风。思量只合腾腾醉,煮海平陈一梦中。"写的就是这所寺院由行宫离院而成佛寺的感叹。

这座寺院坐落在唐代扬州江都县章台乡,南临运河,河上有月明桥。唐代以来的诗人吟咏不绝,如唐人张祜《游淮南诗》写道:"十里长街市井连,月明桥上望神仙。人生只合扬州死,禅智山光好墓田。"西域僧人禅山书题过月明桥名。日僧圆仁在《入唐求法巡礼行记》里有"未时,到禅智桥东侧停留,桥北头有禅智寺。延历中副使忌日之事,于此寺修"记事,成为扬州与国际交往较多联系的著名佛寺。相传在五代杨吴时期,杨隆演与徐知训曾经汛舟赏花于此。在这座寺院里,原先还有石刻吴道子所画宝志像,上有李白作赞,为颜真卿所书,山人称作"三绝碑",又有苏轼送李孝博诗石刻,时至清代,渔洋山人王士禛一度将此二碑砌在东壁上。廊外有吕祖照面池,又有泉在石隙间,名作蜀井,又称第一泉。清代中叶禅智寺所在地点称作竹西芳径,以寺为竹西佳处。寺内外有八景,寺外为月明桥、竹西亭、昆邱台等,寺内为三绝碑、苏诗、照面池、蜀井与芍药圃等。后已就荒,惟存遗址而已。

23. 桃花泉

桃花泉在旧城院大街东侧、两淮盐漕察院西住宅客厅之后。盐漕察院始建于明成化年间,嘉靖七年(一五二八年)又"辟而新之"。清代仍以此为盐漕察院,《红楼梦》作者曹雪芹的祖父曹寅于康熙年间数任两淮巡盐御史,曾经住在这里。他在题为《桃花泉》的五言诗序中说:"泉在使院西侧,味淡于常水。五月从驾返署,卧疴移日,始试此泉。"乾隆年间,围棋国手范西屏曾经作客于扬州盐院,著有《棋谱》二卷,列有起手边角作法"九五镇"、"五六飞攻"等二十类,因邻于桃花泉,故名其谱为《桃花泉棋谱》。范西屏乃浙江宁海人,以着子敏捷、灵活多变,与国手施定庵齐名于世,有"棋圣"之称。据《芜城怀旧录》卷一记载:"范西屏《桃花泉棋谱》刻于扬州,以所居盐院有桃花泉而名之,故弈学以扬州为盛。"日本盛行中国围棋，《桃花泉棋谱》流传至日本，对日本围棋的发展产生过深刻的影响。范西屏客居过的盐院因供有康熙牌位，后有"皇宫"之称。辛亥革命后改作中山纪念堂，今为扬州新华中学校址，已经故迹无存，惟泉尚在。

24. 天主堂

天主堂在新城缺口街东首南沿，清同治三年（一八六四年）法国传教士金缄三建造。大门朝东，门额上嵌天主堂三字，门内有教堂，全部为西式建筑。教堂门侧左右两厢为尖塔，门内明间为门厅，过此即为礼拜堂，院内尚有神职人员宿舍楼屋等建筑。太平洋战争发生后，此间教会所属震旦中学一度曾为日本侵略者囚禁在扬州的美英法侨民妇孺的集中营地。

25. 耶稣堂

耶稣堂在新城皮市街西侧，清同治初年，英国内地会传教士戴德生来扬州租赁民房改建而成，全部为中式建筑。旧有磨砖门楼，大门一侧右上方嵌有耶稣堂三字。门内朝南有楼屋两进，每进上下各五楹，砖木结构，惟窗栏等装修带有西洋风格。此间为基督教新教派最早传到扬州的一所教会，"扬州教案"发生后重修，原先在大门外墙壁间嵌有清代两江总督部堂禁止市民反对教会的告示碑刻，现已不知所踪。

二、扬州的名胜

扬州的名胜，正如清代刘大观所云："杭州以湖山胜，苏州以市肆胜，扬州以园亭胜，三者鼎峙，不可轩轾。"因之扬州的名胜，荟萃在园林，而园林与海外关系者大致有以下名胜：

1. 寄啸山庄

寄啸山庄在新城徐凝门街,原是清代扬州比较晚出的一座名园。园主人何芷舠曾于光绪年间做过一任道员,并曾在清朝驻法国公使馆任职,所以,在他的住宅和园子里,有许多西洋格调。园林大门设在街西刁家巷内,园子二门上方嵌有寄啸山庄四字额。门内与穿廊相接,门上有楼屋一间,与东西串楼相连,过此园门,步入园之东院。院南有馆舍三间,前有狭长隙地,旧日于此植木栽竹,是一个处于市井喧嚣以外的地方。馆舍之北,也即是院落中央,有船厅三楹,南向明间廊柱上悬一副木刻对句:"月作主人梅作客,花为四壁船为家。"船厅四周以鹅卵石与瓦片铺地,纹作水波粼粼状,给人以水居的意境,船厅四壁皆置以明窗,置身其中可以作面面观。船厅南边有老槐荫蔽,山石少许,东边北边以太湖石贴墙叠山,山上有曲径蜿蜒,时起时伏,逶迤而西,山的尽头与串楼连接。游人自东墙脚登山,行至东北一隅,山巅置一亭,可以歇足,可以俯仰。过亭西行,稍远处有石径可下,达于船厅,又有石径可上,由此步上层楼。

步入园子的西院,园中东南北三面下以穿廊、上以串楼构成复道围绕。园子当中凿一个偌大的水池,水池东边造一座水心亭子,原先名作小方壶,亭子两侧有曲梁南北出,北出至层楼之下,南出步入复道。若于此处作短暂停留,清谈片刻,或是倚栏临水,以观池鱼悠游,如同置身蓬莱仙境。水池西边水滨有湖石山子突兀水际,巍峨崛起,格外增加了山子的气势,山上有复道环绕,山腹有洞室通连。山子东北壁植白皮松两株,枝干虬曲,大有临空欲去之慨。湖山西侧有黄石山子与之相接,黄山上有盘道,下有洞曲,两山异色,如同双肩对耸，颇能触发游人情趣。在这三座连续的假山之西之北，有一所馆舍隐掩，馆舍西面倚墙，其余三面空临，为歇足佳处。过此馆舍北行，由层楼右翼拾级而上，楼屋正身面阔五间，明间与次间三楹，专以两翼上为楼，下为厅。游至此地，若于楼上凭栏四眺，可以纵目全园景物，若于厅上小坐品茗，可以清赏风花雪月，最是游人流连处。

在这座园子的西南，又有楼屋一叠，遮断景色，独占一隅。楼屋坐北朝南，把一个小小的院落隐蔽在园林深处。楼屋南面叠一座湖石山子，上盘下谷，左旋右曲，西阻于墙，有磴道可以登楼，绕出楼北，与西部园林南部阁道连接。楼下有客座三间，是一处洞天福地。东偏有门，掩于花木之后，与住宅相通，今已闭塞，西偏有走廊北出，重又转入西部园子曲廊之下，沿着池水曲折东行，一路山水环转，屋宇推移，便人耳目常新。曲廊西壁嵌有颜鲁公三表帖石。游至此处，不免要扪石而读，随读随行，碑尽身移，已转入南廊之下。随着曲廊由南而东，由东而北，步至楼下蝴蝶厅，厅屋轩敞，在明间后壁当中，挂一幅晚清扬州绘画名家陈若木所作的设色横披，内容是"春江水暖鸭先知"，配以厅堂两厢雕栏格扇，和谐而又典雅。

寄啸山庄是一处以房廊见长的园林，在江南园林中已是少见的构筑，其前身乃是乾隆年间吴家龙别业，名作双槐园。原先有两株古槐，今已毁其一株，尚有一株独处在西南一角，当是旧植，时常引起游人青睐。此园已列入文物保护单位，并已对外开放。

2. 萃园

萃园在旧城七巷四号宅内，扬州地区第一招待所驻此。这座园林建于民国初年，先为潮音庵，后为大同歌楼，门额上萃园二字乃盐运使方硕辅所书，园内"四周竹树纷披，饶有城市山林之致"。约在一九二一年间，日本人高洲太助借寓于此，因而"门虽设而常关"，乡人士女游踪罕至。

今日萃园已与息园并连在一处。若由南面园门步入，循着左手岗阜北行，缘墙一带竹树交加，绿草披纷。平岗顶上筑一座六角草亭，平岗尽头朝南有瓦屋三楹，是一处幽静的书斋，斋前凿有水池，池里栽有睡莲，斋屋西面有一座四方亭，屹立于低阜之上，亭中宜四人坐，或二人弈。由此行不远，又有一座工字形屋宇，房间套连在一起，别致异常，原先是仿造五亭桥款式的草亭，而后才改建成瓦屋，并在明间南向加筑了一座亭台，既可作过道，兼可作闲眺清谈所在。再沿此西行，有一道曲折的走廊，自南面透迤而来。在廊北尽头有一个小小院落，乃是旅人栖息住所，随着廊房南去，在两廊之间筑一座高阁，阁上以往有过碑帖嵌墙，现已不知去处。这座园子的起伏以此处为最，忽而上行，忽而下行，这座园子的曲折以此处为甚，忽而左行，忽而右行，景物好像随着身子转换一般。

这座园林的平面布局别出心裁，在园子四面以亭以台，以廊以屋，相连相属宛如仙阁，从四面八方升起，于园之中植木栽石，路直径曲，宛然是一座窈窕谷地。

3. 小松隐阁

小松隐阁为清光绪年间湖广、闽浙总督卞宝第家花园。民国期间住宅大门在左卫街东首，园在住宅后身，解放后住宅部分收归公管，园林改由丁家湾后门进出，今其后裔卞肇昌曾孙女名家琦者尚住于斯。

光绪十年（一八八四年）六月十四日，园主人招同人作文酒之会,绘有《小松隐阁雅集图》,扬州金石书画家汪研山题跋有云:"耕岩仁兄大人,招同人之工画者廿人,其游而未至者,三数人而已。于是日合作大横幅,写瓶几花卉之属,余者二册,听尽其长而已。此册则其一云。"

汪研山名鋆,善画山水,尤多写实真迹。我所见其手迹有两本,一是《北山寺图》,二是《小松隐阁雅集图》,皆臻其妙。《小松隐阁雅集图》为一横长册页,面南有厅景相连,背北有廊阁连接,厅阁左右皆作树掩花光,东西两旁又有树木、山石、芭蕉映绿人面,厅屋中设几座,设笔砚,有绘者十数,或挥毫作画,或吟哦其间,尽写出松隐之逸、雅集之趣。今其画册为卞氏后人珍藏。

民国初年,卞宝第外甥陈重庆游是园时,撰有《于其园补消寒之食》诗记事:"兹园吾熟游,酩酊千百场。岂期四十载,重宴绿野堂。外舅乞归养,王母欢谡觞。两世秉节旄,门阀忘金张。屏后甃方池,依旧浮清光。池边垂柳丝,丝比昔日长。水面戏金鳞,游泳仍濠梁。鱼乐岂不知,但羡惠与庄。酒罢展画册,犹是当日藏。荆关暨董臣,幅幅神轩昂。忆坐松隐阁,春茗花瓷香。惟我最心契,对此称感伤。"

斯时于是园作消寒会者,为卞宝第之孙卞孟韬。陈重庆长于卞孟韬,因得目睹四十年之沧桑,而发怀旧之情,遂为卞氏园林留下了一条佐证。今人不难从诗中看出,卞氏园林除松隐阁外,尚有绿野堂与濠梁小筑诸胜。松隐阁旧为卞氏藏书楼,由其长子卞肇昌主其事,后被火毁,就其原址改建花厅,老屋今存。卞宝第之子有名绪昌者,官安徽按察使,补授巡警道,其子名寿荪者留学美国,归任中国银行总经理,升任副总裁,卞氏家族因之任职于银行者日众,遂有"卞家银行"之称。寿荪有子,长名朋年,年届古稀,归国执教于清华大学，一九八六年逝于北京；次名凤年，前中国银行澳洲悉尼分行总经理，已年期耄耋，一九八五年九月偕夫人徐政于别后七十余年返里探亲，与我会于史公祠，并至其旧居摄影留念，先生尚且记得五岁时于花厅上看无声电影故事，其语意深长，亦可谓为扬州园林史上一桩盛事。

4.金粟山房

金粟山房在观巷东侧羊巷内，为清光绪年间安徽巡抚陈六舟家园。其子湖北武昌盐法道陈重庆有《园桂盛开寄怀》诗云："金粟山房梦想间，浓熏馥馣围雕栏。昔母归宁我侍侧，老人扶杖花同看。"辛亥革命初兴，陈重庆罢官归来，就园宅旧址新修住宅，扩建成园。曾于宣统元年（一九〇九年）在《移居》诗序中写道："新宅在老宅东，屋舍毗连，以墙为藩，以门通路，两宅一宇，颇费经营。"因之，在其《默斋诗稿》正续集中，吟咏家园花开花落之诗时有所见，如《双燕》诗曰："小园半亩锁深幽，便当元龙百尺楼。灼灼桃花红似火，阴阴梦径冷于秋。当年作伴琴诗酒，入世相看风马牛。只有归巢双燕子，轻梭玉剪拂银钩。"

陈氏一门乃官宦世家、书香门第，自其祖陈嘉树起，迄其子陈延韡止，为官两朝四代，在清朝为巡抚道尹，在民国为参议诸职，其祖其父皆殿试二甲第一名，有"父子传胪"之誉，挂匾于府学。陈重庆身为举人，共子亦中秀才，尤其是陈重庆身跨两个时代，清亡之后犹以遗老自居，民国十四年尚作"宣统十七年"书记。因此，李涵秋在《广陵潮》第五十八回《遗老拜牌，演成趣剧》里，曾经痛下针砭，但书中也有对陈氏园林的描写，说其园有"苍松合抱，翠竹成林，晚花与斜日争妍，画槛与回廊相接"之胜。

解放后，金粟山房尚存，园北构书房，房前一架紫藤花，园中叠石为小山，绕山铺曲径，园南翠竹森森，玉立亭亭，园之东西植梅栽桂，养花卉，莳琼葩，有"揽胜蓬莱岛"、"联吟桃李园"之称。所幸者，其七姑友枝今犹健在，寓于城南，尚能话及家园旧事。

5. 壶园

壶园一作瓠园，见园主人所作《立秋后三日，招暖叟、谦斋、叔平宴集》一诗。园在地官第以西东圈门街北二十二号宅内，乃清同治年间江西吉安知府何廉舫家园。《芜城怀旧录》云其于"城陷罢职归，侨居扬州运司东圈门外，辟壶园为别业。"《扬州览胜录》记曰："壶园，在运署东圈门外，江阴何廉舫太守罢官后，寓扬州，购为家园，颇擅亭林之胜。增筑精舍三楹，署曰悔余庵。园旧有宋宣和花石纲石品，长丈余，如鹅卵石结成，形制奇古，称为名品。太守为曾文正公门下士，以词章名海内，著有《悔余庵诗集》。文正督两江时，按部扬州，必枉车骑，过太守之宅。往往诗酒流连，竟日而罢。"曾国藩赠有联云："千顷太湖鸥，与陶朱同泛宅；二分明月鹤，随何逊共移家。"

何氏原籍江苏江阴，名栻，字廉舫，号悔余，其子何彦升，字秋辇，曾随杨子通出使俄国，官至新疆巡抚。父子二人，一个移家扬州，浏览山林，一个绝途万里，镇守边陲，但其家园林传至民国年间，仍为廉舫之孙、彦升次子何骈世守其业。陈重庆有《何骈熹觞我壶园，是为消寒九集长歌赠之》诗云："君家家世吾能说，近日壶觞尤密弥。重游何氏访山林，杜老诗篇狂欲拟。是时晴暖春融融，夭桃含笑嬉东风。升阶握手喜相见，冯唐老去惭终童。缎帘弹地围屏护，蛎粉回廊步屧通。半榻茶烟云缥缈，数峰苔石玉玲珑。方池照影宜新月，复道行空接彩虹。洞天福地神仙窟，白发苍颜矍铄翁。"

解放之初，园宅尚属何氏，后改友谊服装厂。我于六十年代初重游时，园中厅阁亭台树石虽残，但旧迹仍在。《扬州览胜录》所记花石纲遗石已移瘦西湖上，此石之奇，其上有山有池，稍加点缀，丘壑天然，诚为不可多得之名品。《览胜录》所云悔余庵并不在园中，而在西住宅间，乃主人读书养性所在。庵屋之前叠少许石、种名品竹，山石玲珑，诚属小品，竹高仅逾丈，粗不及寸，且节距短而色泽青黄，为扬州园林所仅见。其竹其石已成画幅，雅淡而谐和，绝非画工所能模拟万一。二十世纪六十年代园屋改易，新楼崛起，迥非昔日情景。

6. 青溪旧屋

青溪旧屋在东圈门街北罗总门东侧，系清嘉庆年间经学名家刘文淇故宅，有园在宅西偏。《扬州览胜录》记云："仪征刘文淇先生故宅，在运署东圈门外，世所称青溪旧屋是也。先生以经术名海内，深于《春秋·左氏传》之学。子毓崧，孙寿曾，三世经明行修，列《清史·儒林传》。曾孙师苍、师培，均能以经学世其家。民国丁丑事变后，日本学者小泽文四郎来游扬州，寻访先生故宅，乃摄影而去，并为先生编纂年谱。"

抗日战争爆发后，扬州于一九三七年冬沦陷。我家东圈门街南，与刘氏宅斜对门，其时刘家大门左框上端尚钉有尺许木牌，上刻"青溪旧屋刘"楷书五字，填以锭蓝。大门背北为天井一方，于其西壁辟二门东向，门内有厅屋两进，在南为照厅，在北为客厅。旧悬一匾，已忘其所题，皆瓦屋平房，不事雕饰，此即是旧屋之谓。厅后升阶，建新式住房五间两厢，明三暗二，两厢与次间之间为夹道，道尽庭院出，院南植花木，西构花墙，北即梢间，是为套房，东为西厢牖下，可坐可读,可吟可茗,乃是主人起坐之处。又于西壁北偏辟一便门,门外南偏贴墙构半亭,亭西即山林所在。山林与住宅并列,各占东西,皆坐北朝南,园有花墙,起自宅门南墙右壁,西沿北折,再东与住宅后壁西墙接。园南墙有凌霄攀附蔓延墙头,每届花时,在绿叶片片中有花红朵朵,艳艳一街,又于园中植桂种柿栽松,皆为古木,多为秋景。曾于园西北高土台上植类似琼花与石棉一树,围大干粗,无有衬托。我正当年少之时,尝在夏秋之交于刘氏山林墙脚石隙捉蟋蟀嬉戏,其时园已就荒,惟余零落亭台、稀疏花木,一片荒凉景象。解放后,山林犹在,二十世纪六七十年代于此砌房造屋,因不复存。

7. 贺氏东园

贺氏东园在莲性寺侧,为清雍正年间贺君召所建。《扬州名胜录》记曰:"东园,即贺园也。园有修然亭、春雨堂、品外第一泉、吕仙阁、青川精舍、醉烟亭、凝翠轩、梓潼殿、驾鹤楼、杏轩、芙蓉片、目瞩台、偶寄山房、踏叶廊、子云亭、春山草外山亭、嘉莲亭。今截贺园之半,改筑得树厅、春雨堂、夕阳双寺楼、云山阁、菱花亭诸胜。其园之东子云亭改为歌台,西南角之嘉莲亭改为新河,春山草外山亭改为银杏山房,均在园外,另建东园大门于莲花桥南岸。"

是园落成于乾隆九年(一七四四年)五月,有十二景之胜。界画名家袁耀为绘《东园图》,园主人以游人题壁诗词及园中匾联辑为《东园题咏》。贺君召有题咏序曰:

扬之游事,盛于北郊。香舆画船,往往倾城而出,率以平山堂为诣极,而莲性寺则中道也。余乡人所创关侯祠侧,隙地一区,界寺之东,丛竹大树,蔚有野趣。爰约同人,括而园之。中为文昌殿、吕仙楼,付僧主焉。篱门不扃,以供游者往来,乃未断,而舸织舟经，题咏者遍四壁。夫扬州古称佳丽，名公胜流，履舄交错，固骚坛之波斯市也。城内外名园相属，目营心匠，曲尽观美。而品赏者，独流连兹地弗衰。将无露台月榭华轩邃馆，外有自得其性情，于萧淡闲远者欤。昔人园亭，每藉名辈诗文，遂以不朽兰亭，觞咏无论。近吴中顾氏玉山佳处，叩其遗迹，知者鲜矣。而读铁崖、丹邱、蜕岩、伯雨诸公倡和，则所为绿波斋、浣华馆之属，固历历在人耳目也。今冬拟归里门，惜壁上作，渐次湮蚀，乃就存者，副墨以传。胜赏易陈，风流不坠，不深为兹园幸耶？且以是夸于故乡亲旧，知江南久客，为不虚耳。

乾隆十一年（一七四六年）六月，园开红白莲花一枝，江昱、李勉诸名士同赋五言律诗纪其胜，画家安琴斋为绘二色莲花图，僧人实如、寄舟作《瑞莲歌》，君召皆勒之于石。是园于嘉庆后圮毁，无旧迹可循。

8. 瘦西湖

瘦西湖在今城西北二里，原名保障河。清乾隆年间，董耻夫《扬州竹枝词》里写有"保障河中晚唱船"的诗句，郑板桥在乾隆五年（一七四〇年）九月为董竹枝撰序过后，随手抄写了这首《竹枝词》长卷，仍以保障河为名。至于瘦西湖一名，缘于清代杭州诗人汪沆的诗句："垂杨不断接残芜，雁齿虹桥俨画图。也是销金一锅子，故应唤作瘦西湖。"但是，在清代中叶瘦西湖之名并不行世，直到晚清方才盛行起来。时至今日，已经很少有人知其原名，而直接称其为瘦西湖。

瘦西湖上的园林，据道光年间欧阳兆熊、金安清所撰《水窗春呓》写道："自北门，直抵平山，两岸数里，楼台相接，无一处重复。

其尤妙者,在虹桥迤西一转,小金山蠹其南,五亭桥镇其中,而白塔一区,雄伟古朴。往往夕阳返照,如入汉宫图画。"

历史上的瘦西湖,正如清人沈复《浮生六记》所云:"渡江而北,渔洋所谓'绿杨城郭是扬州'一语,已活现矣。平山堂离城约三四里,行其途八九里,虽全是人工,而奇思幻想,点缀天然,即阆苑瑶池,琼楼玉宇,谅不过如此。其妙处在十余家之园亭合而为一,联络至山,气势俱贯。"钱泳在《履园丛话》里记云:"自天宁门起,直到淮南第一观,楼台掩映,朱碧新鲜,宛入赵千里仙山楼阁。"因之,海内外名士来游扬州者,无不以一睹瘦西湖园林风光为快。清乾隆年间朝鲜文学家布乐亨、光绪年间朝鲜使节刘清岚等名流,即曾泛舟湖上,游览园林。而今的瘦西湖更是扬州的名胜荟萃之区、园林集中之地,来游的外国元首、使节以及文学名流更是络绎不绝。

后　语

扬州这座古老的城市，几个世纪以来虽然已经成为内陆港口，但是与国际间的交往还是相当密切。特别是自一九四九年二月解放以后，扬州成了东亚、西欧、南美、北非许多国家游客向往的旅游胜地，尤其是在二十世纪七十年代末对外开放之后，一些美国的学者、澳大利亚的进修生、日本的书道和教育家以及宗教界知名人士，往往成群结队来游扬州。在八十年代前后，欧洲国家一些旅行家曾经沿着江南运河来游扬州，意大利摄影家和名导演曾经沿着马可·波罗的足迹来拍摄电视片，日本电影工作者曾经沿着鉴真和尚东渡路线来拍摄影片《天平之甍》。接着，日木奈良唐招提寺鉴真干漆夹纻造像在森本孝顺长老护持下，经由传统的海上南路航线，由扬子江口南岸的上海登陆，循着江南运河，经瓜洲古渡而来扬州"探亲"。日本红学家也来扬州采访与《红楼梦》作者曹雪芹家事有关的遗迹，考古学家来扬州参观唐城遗址，新闻工作者来访扬子江津与瓜洲渡口的遗迹。甚至连突尼斯总理努依拉、冈比亚总统贾瓦拉、尼泊尔的两位亲王也曾来访这座古城。同时，扬州的社会活动家曾经访问过日本北九州佐贺县与东京，扬州佛教界知名人士参观过奈良唐招提寺，瞻仰鉴真大师造像，扬州的企业家访问过美国和意大利等国，并签订了贸易合约，扬州的艺术家如浅刻名家黄汉侯摹刻的《定武兰亭》牙版、王板哉的花鸟画、吴砚耕的菊花图、孙龙父的草书、蔡易厂及其弟子桑榆的印谱，有的流传到日本，或在日本公开展出，有的流传到加拿大，或被加拿大正式入藏。这些无论是从人员的友好往来或是文化交流、相互通商的角度来看，在某种意义上说，都应当是这座名城海外交通事业的继续，因此，在对外贸易领域出现了欣欣向荣的景象。

扬州和海外的通商，主要是经由今日扬子江口南沿的上海港进行，对外贸易品种主要是传统的工艺美术制品，外销工艺品以漆器、玉器、制花、盆景、玩具和木刻版本为大宗，其制作之精、花式之多、造型之美，有扬州独特的风格。中国政府赠送给日本前首相田中角荣的《楚辞集注》线装书，扬州也有刻本，赠送给柬埔寨国家元首西哈努克亲王的嵌五色螺甸长江大桥漆插牌，即是扬州漆器厂制作。这些工艺美术品还销到五大洲几十个国家和地区，享有很高的国际声誉。

一九八二年二月，扬州与日本唐津市正式结成友好城市。唐津位于北九州东松浦半岛东侧，在唐津湾底部、筑紫山脉尾间，与壹岐岛隔海相望。由唐津北渡壹岐海峡，经对马岛抵朝鲜半岛，再西行北行，由朝鲜西海岸木浦沿岸偏南航行渡过黄海，直达山东半岛，一是改由济水入汴河以达京洛，二是沿着济水入淮河而南下扬州，或是循着苏北沿海航行到楚州登陆，由淮南运河南下而达扬州。这是盛唐之前日本与中国通航的早期航线，唐津之名即是由此而来，其历史地位犹如唐代扬州扬子津，都是属于通海的港口。这两个城市在今天结成友好城市，无疑是中日两国人民友好往来传统的继续，并由此而展开了新的一页。一九九三年，韩国全罗南道丽水市又与扬州正式结成友好城市，两市友好代表团的互访，更是揭开了中韩传统友谊的新篇章。

特别值得一提的是，在中韩两国恢复邦交之前，韩国学者即已陆续来到扬州访问，踏访往事越千年的统一新罗时代文化踪迹。最早来到扬州的韩国学者乃汉城崇实大学史学科大学长、博物馆馆长金文经教授，中央大学东北亚研究所所长金成勋教授，檀国大学博物馆馆长尹乃铉教授，韩国乡土文化振兴院院长金井昊一行，他们带着一种诚挚的恢复韩中传统友谊的心情，从山东半岛沿着古代沿海通道来到这座历史文化名城，并在西园饭店与我会晤，畅谈了统一新罗和唐朝淮南的海上交通、海上贸易等相关课题，掀开了中断近一个世纪的友好往来和文化交流新纪元。

由于扬州在中古世纪史上曾经是海上丝绸之路的著名海港，许多研究海上丝绸之路交通史、民族迁徙史、宗教传播史的专家学者，近几年来纷纷来到扬州访问，并与历史、考古、民族学界及宗教界人士进行学术交流，这一系列活动，发展了扬州和海外文化与贸易关系以及人员往来，展示了一幅新的图景，使古老的扬州焕发出新的历史光彩。

一九八六年八月于扬州东圈门小莲桥十二号五架书屋
一九九六年三月岁次丙子于琼花路五架书屋楼居新址

后 记

冬 冰

2006年年底,国家文物局公布《中国世界文化遗产预备名单》,跟扬州有关的项目有两个:大运河、瘦西湖及扬州历史城区。2012年9月,这一名单重新调整后公布,扬州从两项增加到三项:大运河、海上丝绸之路、扬州瘦西湖及盐商园林文化景观。

对扬州来说,六年两份名单的背后是,扬州牵头大运河联合"申遗"跑到冲刺线;正式参与海上丝绸之路9城市共同"申遗";扬州地方"申遗"项目路径主题重新明确。

项目及名称的调整只是一个结果,作为参与者、亲历者,我们的团队感受到的是资料收集整理的琐碎辛苦,观点交锋碰撞的认真执著,路径价值苦苦寻觅中的焦虑担忧,峰回路转重生后的豁然开朗。

对那些幸存下来的扬州文化遗产点而言,这六年是其保护水平不断提升的过程:通过"申遗"推动,借助专业机构,按照世界遗产标准要求,扬州相关古建筑、遗址、河道、景观的基本尊严得以维护,保护状态得以改善,抗风险灾害的能力得以加强。

这六年更是扬州文化遗产价值重新发现的过程。扬州是一个对中国封建时代的经济政治文化作出了巨大贡献、产生过重要影响的通史式城市。但在"申遗"之前,罕有把扬州文化放在世界历史进程中,从人类文明演进的高度,对其价值进行梳理、研究、比较、审视。这些年来,借助三项"申遗"项目的带动,国际古迹遗址保护协会、中国建筑设计研究院历史研究所、中国文化遗产研究院、清华大学、同济大学等专业机构的专家与扬州申遗办团队一道,共同探寻扬州遗产的特色、内涵,思考大运河、海上丝绸之路、瘦西湖及盐商园林在中国文化、人类历史发展过程中的作用地位。一次次考察讨论交流碰撞带来了一次次认识上的提高。《世界的扬州·文化遗产丛书》就是三项"申遗"工作进行以来大家认识、思考的积累转化,一章章一节节的陈述判断提炼,共同展示扬州文化遗产价值再发现的初步成果。

成果来源于"申遗"过程,服务于"申遗"目标,更服务于扬州这座城市。近年来,扬州"深刻认识城市文化价值、坚守城市文化理想、突出城市文化特色,取得了遗产保护与城市发展双赢",城市"人文、生态、精致、宜居"特色愈加明显,以大运河、海上丝绸之路、瘦西湖及盐商园林为代表的扬州文化遗产在城市发展中的地位和作用日益凸显。

"国以人兴,城以文名"。扬州市委市政府提出建设世界名城的奋斗目标,深厚的历史文化资源是扬州迈向这一目标的基础力量。在世界名城建设总体战略总局中,两个重要的着力点是将瘦西湖建成世界级公园、打造以大运河扬州段"七河八岛"为生态核心的江广融合地带生态智慧新城。《世界的扬州·文化遗产丛书》从前所未有的跨领域视角——历史、美学、文献学、遗产学、考古学、建筑景观学、民俗学等,较为系统地分析扬州文化遗产的历史原貌、物质形态、精神气质、布局结构、发展演化、建筑风格、构成要素等内容,并站在人类文明和普世精神的高度,对瘦西湖、大运河扬州段、海上丝绸之路扬州史迹等进行观察和阐述,它的出版将为扬州建设世界名城提供一个广域的参照,诠释扬州这座城市的世界精神,揭示扬州的历史内涵,展现扬州独特的文明价值。

六年来,跟我们一起走过这一过程的有:国家文物局和江苏省文物局的各位领导;国内外专业机构、高校专家及同行;扬州历任市领导;扬州地方文史专家；热爱家乡历史、珍爱古城文化的扬州市民。感谢他们多年来对扬州文化遗产事业的一贯支持，对扬州文化遗产保护研究队伍的指导和帮助，对扬州这座城市多年来无怨无悔的奉献和热爱。

本书编写时间紧、任务重，相关资料更是浩如烟海。限于编者的水平，难免挂一漏万，不当之处，恳请读者指正。

2013 年 3 月 1 日